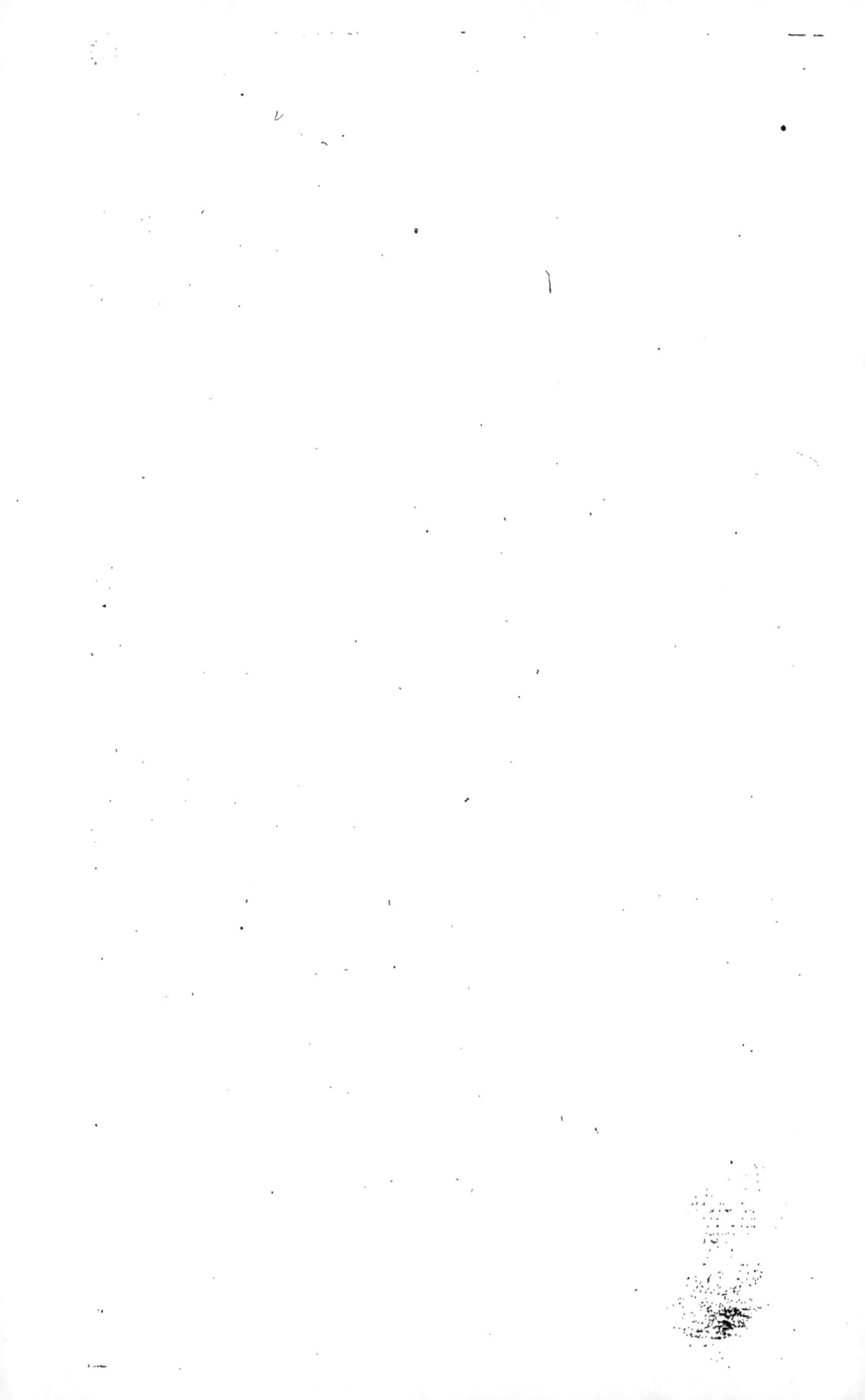

F

41226

DE LA

RESPONSABILITÉ

DES

NOTAIRES.

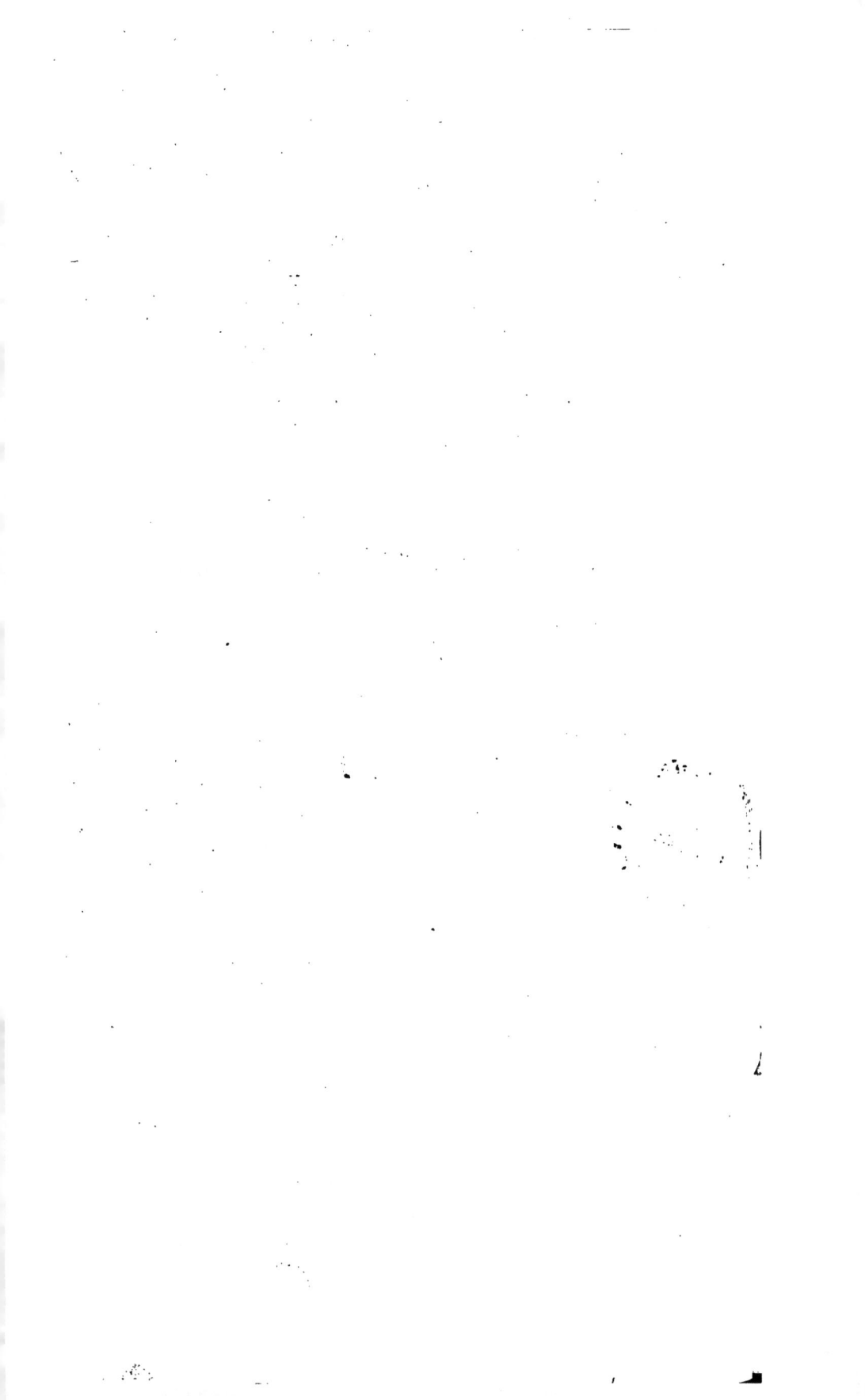

DE LA
RESPONSABILITÉ
DES NOTAIRES,

ou

EXPOSITION COMPLÈTE ET RAISONNÉE DE LA DOCTRINE ET DE
LA JURISPRUDENCE EN MATIÈRE DE DOMMAGES-INTÉRÊTS, QUI
PEUVENT ÊTRE RÉCLAMÉS CONTRE LES NOTAIRES, A RAISON DU
PRÉJUDICE CAUSÉ DANS L'EXERCICE DE LEUR PROFESSION ;

*Suivie d'un tableau synoptique des obligations légales dont
l'inobservation peut engager la responsabilité des
Notaires à l'égard de leurs clients ;*

PAR

A. PAGÈS,

CAT A LA COUR ROYALE DE MONTPELLIER.

A MONTPELLIER,
Chez VIRENQUE, Libraire-Éditeur ;

A PARIS,
Chez VIDECOQ, père et fils, place du Panthéon.
1843.

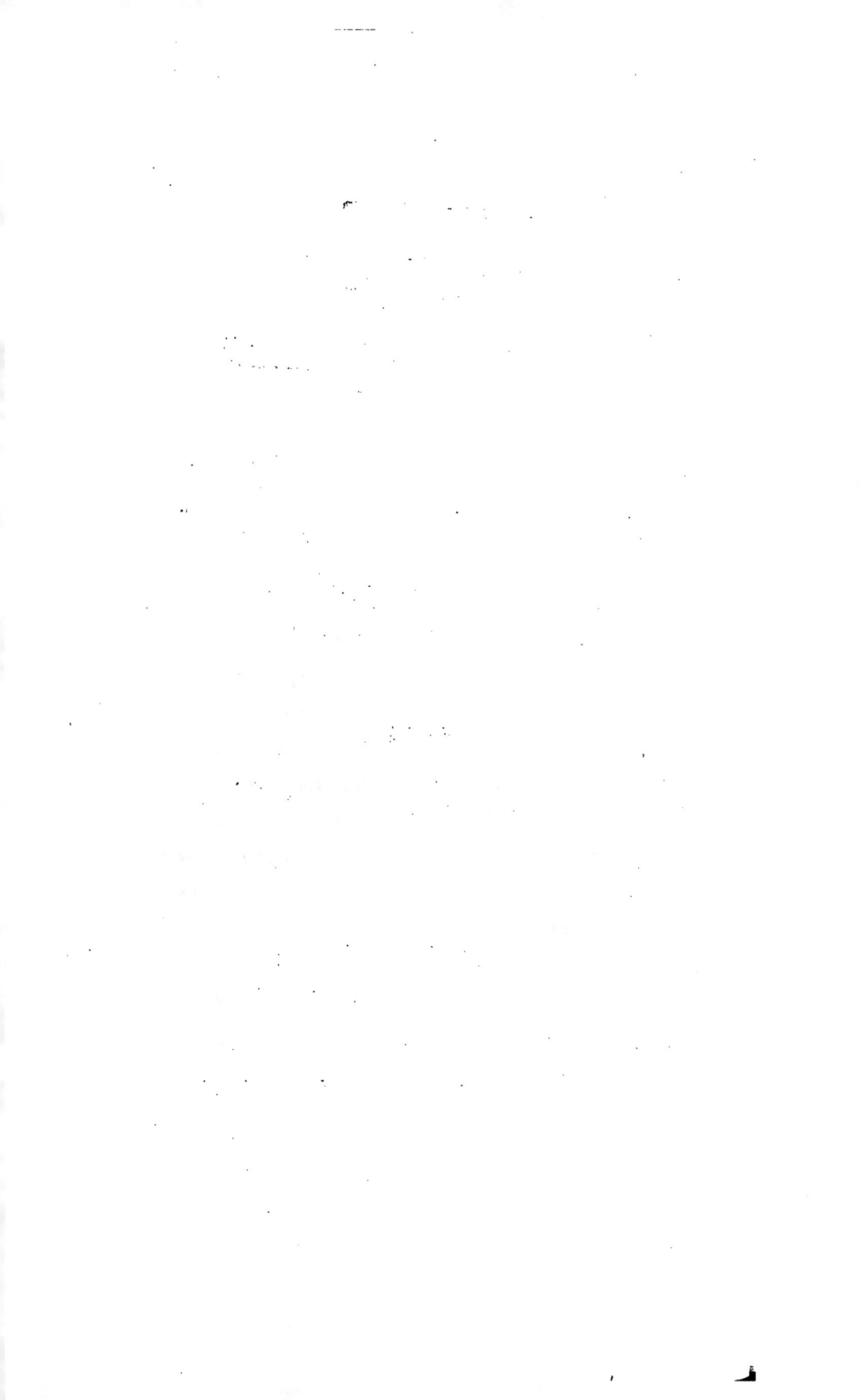

A M. COLSON,

**Avocat aux Conseils du Roi et à la Cour
de cassation. Rédacteur en chef du
Journal du Notariat.**

*En accueillant avec une si grande bienveillance,
dans l'estimable journal que vous dirigez, quelques
réflexions de ma part, sur la nécessité d'asseoir sur
des bases certaines et de restreindre dans des limites
convenables la responsabilité des notaires, vous
m'avez inspiré le désir de me livrer à un travail
plus sérieux et plus complet sur cette matière importante, et qui intéresse à un si haut degré l'institution du notariat. Permettez-moi de vous offrir
aujourd'hui ce travail : ce sera tout à la fois l'accomplissement d'un devoir de reconnaissance et une
recommandation flatteuse auprès de mes lecteurs.*

A. PAGÈS.

du bien-être matériel et de la richesse qui le procure, une soif insatiable de gain a saisi tous les esprits, chacun a voulu arriver promptement à la fortune, et s'est agité dans tous les sens pour atteindre ce but. Un mouvement progressif dans les transactions civiles a été le résultat obligé de ces idées de l'époque ; et les médiateurs naturels, les arbitres nécessaires de ces transactions ont vu s'accroître en même temps leur importance et leur influence sociales. De tous côtés on est allé aux notaires, désignés l'avance à la confiance publique par les traditions d'honneur et de probité qui distinguaient depuis si longtemps leur corporation : les uns, pour convertir en valeurs plus facilement mobiles des biens trop lentement productifs au gré de leurs désirs; les autres, pour déposer en mains sûres ou faire fructifier leurs économies annuelles, base d'une fortune à venir ; d'autres pour trouver les capitaux nécessaires à la réalisation de ces mille projets industriels, éclos dans les cerveaux fiévreux d'une génération plus ambitieuse que prévoyante, tous, enfin, pour obéir plus ou moins à cette impulsion genérale et incessante qui poussait aux affaires. Les notaires sont donc devenus les hommes universels, indispensables, et l'on a pu dire, avec vérité, que la France, avec ses mœurs actuelles, pouvait plutôt se passer de soldats que de notaires (1).

Malheureusement quelques notaires, au lieu de régler sagement ce mouvement tumultueux et désordonné, se sont laissé entraîner eux-mêmes au torrent : les anciens de l'institution, possesseurs de fortunes honorablement acquises, et que venait encore augmenter la valeur nouvelle de leurs offices, ont abandonné à l'inexpérience de plus jeunes les chances de leur époque ; les vieilles traditions se sont affaiblies peu à peu ; quelques imprudents ont voulu faire du notariat le marche-pied d'une fortune rapide. Dès-lors, l'institution a perdu la démarche grave et sévère de la justice, pour prendre les allures vives et hazardées du commerce : les mêmes causes ont produit les mêmes résultats, avec cette différence notable seulement,

_____

(1) *Journal des Débats*, janvier 1843.

que les malheurs qui affligent le commerce sont dans sa nature, et ne causent qu'une perturbation momentanée, qui frappe les individus sans affecter la profession, tandis que les crises déplorables qui se sont produites au sein du notariat et qui ont acquis une plus grande importance de la position spéciale de leurs auteurs, ont été pour le corps entier de véritables catastrophes, entièrement anormales, et ont exercé la plus funeste influence sur la considération dont il était revêtu jusqu'alors. Une solidarité générale, et qui s'explique du reste, a enveloppé tous les membres de la corporation ; autant le notariat avait été estimé et honoré, tant qu'il avait conservé sa pureté première, autant il a été injurié et calomnié, quand elle a été altérée par quelques membres oublieux de leurs devoirs ; et par un revers si naturel à toutes choses, comme le notariat avait eu sa popularité, il a eu aussi sa persécution. Des rivalités nombreuses de position et de fortune ont saisi avec empressement l'occasion de lui nuire : on s'est écrié que les notaires faisaient trop de bénéfices ; qu'il était temps d'arrêter le mal et de moraliser l'institution.

Ces accusations semblaient suffisamment justifiées par le retentissement immense qu'avaient eu certaines déconfitures notariales : l'animadversion légitime qu'elles avaient fait naître dans l'opinion publique, imposa, pour ainsi dire, à la magistrature l'obligation de déployer une grande sévérité, afin de prévenir le retour de semblables malheurs, et de ranimer l'ancienne discipline. Ces intentions étaient, sans contredit, pures, nobles et dignes de respect ; mais comme il arrive en pareil cas, les rigueurs de la loi qu'avaient provoquées quelques notaires, s'étendirent par une réaction inévitable sur le corps entier ; on ne distingua pas assez dans plusieurs circonstances l'erreur de bonne foi toujours excusable, et elle put être confondue avec l'improbité qu'on ne saurait trop énergiquement réprimer ; il en est résulté qu'à défaut de règles précises, de précédents bien établis, la jurisprudence a dû varier et perdre cette unité, conséquence de la même loi, qu'on voudrait rencontrer dans les décisions des Tribunaux.

Toutefois, le mal n'avait pas le caractère de

généralité qu'on s'est plu à lui donner (1). Vicié
d'abord dans quelques grands centres de commerce et d'industrie, l'esprit de l'institution s'est
conservé pur dans la masse : le notariat a constamment repoussé de son sein ceux qui y avaient
apporté le trouble et le déshonneur : il a protesté par sa conduite, et par ses organes dans
la presse, contre l'injuste solidarité qu'on voulait
lui imposer, et il a demandé lui-même la répression des abus, qui avaient pu se glisser
dans son exercice. Le Gouvernement a répondu
à ce vœu par l'ordonnance du 4 janvier 1843;
les nouvelles Chambres de discipline, pénétrées
de l'importance de leur mission, ont déposé dans
leur réglement intérieur le résultat de délibé-
rations consciencieusement préparées ; et désor-
mais la discipline notariale un instant affaiblie
reprendra sa première vigueur, et le notariat toute
sa considération et la sécurité qui lui est indispensable.

---

(1) Cette assertion a été confirmée au sein même du
Parlement par M. le Garde des Sceaux, Ministre de la
justice. (Voy. le discours de M. Martin (du Nord) dans
la séance de la chambre des Pairs, du 8 juin 1843.)

Mais pour atteindre ce dernier résultat, il importe que la responsabilité à laquelle peuvent être soumis les notaires, soit restreinte dans des limites bien tracées ; qu'elle ne soit prononcée que dans des circonstances graves et prévues, et ne puisse servir de prétexte à des tracasseries continuelles, qui portent une atteinte fàcheuse à la stabilité et à la considération du corps entier, et rendent, pour ainsi dire, impossible l'exercice de fonctions aussi pénibles que délicates. Enfin, si la société doit être protégée contre la fraude et l'improbité qui n'ont jamais d'excuse, elle doit aussi tenir compte aux notaires de leur bonne foi, des difficultés que présente la pratique des affaires, et de l'infirmité naturelle à l'homme.

C'est dans l'intention de concilier à la fois deux intérêts également respectables, que j'ai essayé de ramener à des principes certains, l'importante matière de la responsabilité. J'ai recueilli avec le plus grand soin les décisions judiciaires un peu intéressantes, et les opinions des jurisconsultes : j'ai tenté d'en extraire une théorie

rationnelle rendue plus sensible par l'enchaîne-
ment logique et méthodique des principes, et
de porter quelque lumière dans les ténèbres d'une
jurisprudence diverse et contradictoire. Je ne
me suis pas dissimulé les difficultés de cette
œuvre : tout ce qui touche à la responsabilité
en général est excessivement délicat, et n'a jamais
été abordé qu'avec beaucoup de réserve. Quoi
qu'il en soit, l'instant était venu pour le notariat
d'assurer le terrain sur lequel il marche depuis
quelque temps : j'ai écrit avec conscience et
impartialité ; si je ne suis pas parvenu à donner
à ce travail toute la perfection que d'autres plus
éclairés lui donneront un jour, on me saura peut-
être quelque gré (c'est la seule récompense que
j'ambitionne) d'avoir indiqué ce qu'il y avait
à faire, d'avoir tenté quelques efforts en faveur
d'une belle profession à laquelle je me destine,
et que je me hâterais d'abandonner si elle n'était
pas une carrière d'honneur et de probité, qui
promette d'avance à l'homme de bonne foi, la
considération et la sécurité inséparables de toute
magistrature sociale.

ABRÉVIATIONS.

B. Bulletin officiel des arrêts de la Cour de cassation.

S. Recueil de jurisprudence de Sirey et ses continuateurs.

D. Recueil de jurisprudence de Dalloz.

Jour. du not. Journal du notariat.

Jour. des not. Journal des notaires.

Cont. Contrôleur de l'enregistrement.

Roll. de Vill., *Rép. du not.* Rolland de Villargues , Répertoire de la jurisprudence du notariat.

C. c. Code civil.

C. co. Code de commerce.

C. i. cri. Code d'instruction criminelle.

C. pén. Code pénal.

DE LA

RESPONSABILITÉ

DES NOTAIRES.

CHAPITRE PRÉLIMINAIRE.

De la responsabilité en général et de celle des officiers ministériels en particulier.

UNE des premières lois de la sociabilité nous défend de porter même involontairement la moindre atteinte aux biens de toute nature qui appartiennent à nos semblables , et s'il nous arrive de causer un

préjudice quelconque à autrui par notre faute, elle
nous impose l'obligation de le réparer. Cette obligation est le fondement de la responsabilité civile,
dans ce contact habituel des hommes réunis en
société, et elle semble au premier aspect avoir
une limite aussi indéfinie que le domaine des
faits qu'elle peut embrasser. On conçoit cependant
que, si la responsabilité civile était restée dans un
cercle aussi vaste, si on avait pu demander compte
à autrui non-seulement d'un préjudice matériel,
mais encore d'un tort moral, d'un avis imprudent,
d'un conseil téméraire, d'un mauvais exemple, la
société aurait été sans cesse troublée par des récri-
minations de toute espèce. Aussi le législateur a-t-
il senti la nécessité de rapporter l'action en réparation d'un dommage à l'application du principe de
droit naturel, qui divise les devoirs des hommes en
devoirs parfaits et devoirs imparfaits. Les premiers
sont ceux qui sont légalement obligatoires, ceux
dont les institutions humaines garantissent l'exécution; c'est pourquoi leur inaccomplissement peut en
thèse générale motiver une action en justice, s'il
a causé un préjudice quelconque. Les seconds, au
contraire, prescrits par la loi naturelle et la morale,
n'obligent que le for intérieur, et le dommage qui
peut résulter de la négligence à les remplir n'est pas
imputable au point de vue du droit social. Aussi
la loi civile, laissant à la conscience et à la justice

surnaturelle, dont elle relève l'appréciation et la
punition du tort moral, a-t-elle borné la responsabilité civile aux faits matériels et directement dommageables, à ceux que la loi romaine réputait commis par un corps sur un corps. C'est dans ce sens
que doivent être compris les articles 1382 et 1383
du Code civil portant que : « Tout fait quelconque
de l'homme qui cause à autrui un dommage,
oblige celui par la faute duquel il est arrivé à le
réparer. — Chacun est responsable du dommage
qu'il a causé non-seulement par son fait, mais
encore par sa négligence, ou par son imprudence. »

Mais, en dehors de cette responsabilité générale
et commune à tous les hommes, ceux auxquels a
été confiée une partie de la puissance publique pour
l'exercer dans l'intérêt de tous et assurer à chacun
ses droits particuliers, devaient naturellement répondre de leurs actes et du préjudice causé par
l'inaccomplissement des devoirs qui leur étaient
spécialement imposés. C'est ce qui constitue la
responsabilité des fonctionnaires publics en général
et des officiers ministériels en particulier. Matière
importante et délicate, toujours nommée jamais
expliquée et définie, et que le législateur semble
avoir eu quelque hésitation à régler d'une manière
spéciale et complète. Basée sur le même principe
que la précédente, cette seconde espèce de respon-

sabilité admet aussi la règle de la division des devoirs. Car, dans la sphère de leurs attributions particulières , les fonctionnaires publics ont également
des devoirs parfaits, qui consistent dans l'exécution
des prescriptions de la loi spéciale qui les régit ,
et des devoirs imparfaits résultant d'obligations
morales , qui n'ont d'autres garanties que les qualités et l'aptitude propres à certaines fonctions. Ainsi
l'administrateur devra veiller sous sa responsabilité
personnelle à l'exécution des lois qu'il a mission
de faire observer ; mais il connaîtra plus ou moins
bien les besoins de ses administrés, et on ne saurait
sous ce rapport lui demander compte du plus grand
bien qu'il aurait pu faire. Un officier ministériel
sera responsable de la nullité d'un acte de son
ministère, parce qu'il était spécialement chargé
d'accomplir les formalités légales, mais non de
sa négligence à éclairer ses clients sur les suites
de cet acte, parce que ce n'est là de sa part qu'une
obligation morale et imparfaite.

Mais, quoique basée sur le même principe, la
responsabilité des officiers ministériels n'a pas cependant le même caractère de généralité que la
responsabilité civile ordinaire, et pour peu qu'on
y réfléchisse , on en comprendra facilement les
motifs. Celle-ci, en effet, se rapporte à la violation
d'une loi parfaitement claire aux yeux de tous et
gravée au fond de tous les cœurs : la première, au

contraire, n'atteint que des infractions à des lois d'institution humaine et par conséquent obscures ou incomplètes, et ces infractions trouvent souvent une excuse dans l'insuffisance de la lettre ou dans le peu d'importance de la loi. Aussi les articles 1382 et 1383 du Code civil sont-ils conçus en termes généraux, qui n'admettent pas d'exception, tandis que les lois spéciales aux diverses classes d'officiers publics supposent toujours des cas d'excuse, ainsi que nous aurons bientôt occasion de le faire remarquer.

Il y a plus : pour le législateur, jaloux non-seulement d'édicter de bonnes lois, mais encore de les faire exécuter, l'action en garantie n'est pas seulement la réparation d'un dommage, mais encore la sanction pénale de ses prescriptions. Sous ce point de vue, pour que le principe de la responsabilité puisse être appliqué avec justice, il faut que la loi soit précise et claire dans ses termes, et qu'elle annonce elle-même son importance propre en prononçant la peine attachée à son inexécution : *opportet ut lex moneat priusquàm feriat.* (Bac. *aph.*) La faute est alors sans excuse, et celui qui l'a commise doit en subir la conséquence.

En dehors de ces cas et en l'absence de toute intention criminelle (car nous ne raisonnons que dans cette hypothèse), la cause de l'officier ministériel est ordinairement favorable. Dans des actes qui tiennent surtout au travail de l'esprit, où un objet matériel et sensible ne vient pas rappeler à l'observation de la règle, il faut faire la part de l'infirmité naturelle à l'espèce humaine, et de ces moments d'erreur qui peuvent surprendre l'homme le plus attentif. Ensuite il est de l'intérêt de la société que les institutions qu'elle a créées soient entourées de la confiance et de la considération publiques : et ce serait y porter une grave atteinte que de poser le principe d'une responsabilité indéfinie, dont le résultat serait de mettre continuellement en jeu l'honneur et la réputation des membres d'une corporation, et de nuire par suite à la dignité du corps entier. Et c'est ici principalement que l'utilité publique doit l'emporter sur la logique trop rigoureuse des principes : « *Multa jure civili contra rationem disputandi pro utilitate communi recepta esse innumerabilibus rebus probari potest :* » L. 51 §. 2 D. ad leg. aq.

L'esprit de ces données premières est en harmonie avec les dispositions spéciales qui régissent la responsabilité des notaires.

CHAPITRE I.

Des bases et des limites légales de la responsabilité.

On chercherait vainement dans le droit romain des textes directement applicables à la matière qui nous occupe. Le notariat tel qu'il existe aujourd'hui est d'institution moderne, et la législation de Rome doit être muette à son égard. Cependant, comme les lois du Digeste et du Code , si complètes et si rationnelles, ont été le véritable fondement du droit moderne , et que les légistes ont essayé dans toutes les questions de remonter à cette source première, divers textes ont été mis en présence, et dans le rapprochement des lois 6 C. *de mag. conv.*, 1 D. *si mens. fals.* et 7 § 4 h. t. , on a trouvé le principe de la responsabilité des officiers ministériels.

Quoi qu'il en soit de l'application de ces frag-
ments de lois, la nature même des choses et la
saine raison indiquent suffisamment la nécessité de
soumettre les fonctionnaires publics à répondre des
fautes graves qu'ils peuvent commettre dans l'exercice de leurs fonctions. Les notaires, à qui sont
confiés les grands intérêts privés des familles, ne
sauraient légitimement se soustraire à cette nécessité ; aussi les ordonnances qui dans l'ancien droit
ont réglementé l'institution du notariat, n'ont pas
hésité à prononcer dans certains cas des dommages-
intérêts en faveur des parties lésées : il fallait seulement restreindre ces dommages-intérêts dans des
limites convenables, et c'est ce qu'avait fait la jurisprudence des Parlements : Ferrière résume avec
beaucoup de clarté et de concision la législation de
de son époque sur la matière en disant, l. 1er, ch.
17 : « Un notaire est toujours tenu des dommages
et intérêts qu'il a causés à un des contractants,
lorsqu'il y a dol de sa part, ou une lourde faute,
parce que la lourde faute est comparée au dol. »

Après la grande révolution qui anéantit les anciennes institutions pour en créer de nouvelles, plus
conformes aux progrès de la civilisation et aux
idées de l'époque, la première loi qui réorganisa
le notariat sur des bases nouvelles, fut celle du 29
septembre 1791. Elle admit indirectement le principe de la responsabilité des nouveaux notaires

publics, en leur enjoignant, tit. 1, sect. 2, art. 16, de déposer à titre de garantie des faits de leurs fonctions, un fonds de responsabilité en deniers.

Enfin la loi du 25 ventôse an XI, qui forme le code actuel du notariat, a été plus explicite, et elle autorise l'action en dommages-intérêts contre les notaires dans les articles 6, 16, 18 et 68. Cette action est encore autorisée par divers textes de nos codes, et spécialement par les articles 1397, 1597 et 2063 du Code civil, 68 et 176 du Code de commerce.

Ces dispositions légales ne laissent aucun doute sur le principe d'une responsabilité quelconque de la part des notaires, à raison du préjudice causé dans l'exercice de leurs fonctions. Mais elles ne déterminent ni la nature ni l'étendue de cette responsabilité, au moins d'une manière explicite. Et dès-lors le législateur a laissé à la doctrine le soin de les compléter soit par le rapprochement d'autres dispositions analogues, soit par les règles souveraines de l'équité naturelle.

La première question qui se présente est celle de savoir si les textes de loi prononçant des dommages-intérêts sont limitatifs, et si en dehors des cas qu'ils expriment, les notaires peuvent encore être soumis à une action en garantie.

La responsabilité est une peine; en vain quelques auteurs ont voulu lui refuser ce caractère, sur le fondement qu'elle n'avait pour but que la réparation d'un dommage. Cela peut être vrai vis-à-vis des tiers lésés ; mais vis-à-vis du notaire , et dans l'intention du législateur , la condamnation aux dommages-intérêts est la sanction des prescriptions de la loi , et cela résulte des expressions dont elle se sert pour l'établir : ainsi les formalités dont il a paru nécessaire d'assurer l'exécution, sont toujours prescrites, *à peine* des dommages-intérêts contre le notaire contrevenant. La responsabilité ne saurait être d'ailleurs générale et absolue; et la loi s'est expliquée positivement quand elle a voulu l'admettre, et ne l'a même admise dans certains cas que conditionnellement, comme dans les art. 68 de la loi de ventôse et 68 du Code de commerce. La responsabilité doit donc être restreinte dans les dispositions légales qui l'établissent, ou tout moins dans celles qu'une analogie rationnelle peut y faire rentrer et qui se rapportent aux devoirs essentiels de la profession; car, comme il n'y a de devoirs pour le notaire *en cette qualité* que ceux qui lui sont prescrits par la loi, il ne peut y avoir de sa part faute proprement dite que dans les cas qu'elle détermine. Cette solution est d'ailleurs indiquée par les législateurs qui ont coopéré à la confection de la loi de ventôse : « Le projet , dit M. Favard , dans son rapport au Tribunat, défère aux Tribunaux la connaissance des destitutions, suspensions, condamnations d'amendes et dommages-intérêts, auxquels les notaires se trouvent exposés *dans les cas prévus par la loi*. Il n'était pas possible de leur donner une sauve-garde plus rassurante contre toute espèce d'ar-bitraire.....

« Quelque *rigoureuse*, dit-il ensuite, que puisse paraître la responsabilité des notaires, l'intérêt de la société l'exigeait : il fallait donner aux citoyens cette garantie contre l'ignorance ou l'infidélité des notaires. »

Ainsi donc la responsabilité est restrictive et rigoureuse; et si elle présente ce caractère alors même qu'il s'agit de réparer le préjudice causé par ignorance ou infidélité, deux fautes le plus souvent sans excuses, combien elle doit être peu favorable lorsqu'elle tend à faire prononcer une condamnation ruineuse ou tout au moins très nuisible pour une erreur involontaire, résultat habituel de cette fai-blesse et de cette infirmité qui sont l'apanage de notre humaine nature.

Aussi ne peut-on raisonnablement faire une ap-plication directe et absolue des articles 1382 et 1383 du Code civil à la matière qui nous occupe. Ces articles en effet ont une extension et un vague qui ne sauraient convenir à un objet spécial et de droit étroit; ils ne peuvent s'appliquer qu'aux dom-mages purement matériels, et non à ceux résultant des travaux qui sont du ressort de l'intelligence.

Le principe qu'ils proclament peut bien être le même que celui qui domine en partie la responsabilité des officiers ministériels; mais les conséquences ne sont pas identiques, et ce n'est pas lorsque cette matière vis-à-vis des notaires est régie par des lois tout-à-fait spéciales, qu'il faut recourir à des dispositions générales qui lui sont absolument étrangères. « *In toto jure generi per speciem derogatur et illud potissimum habetur quod ad speciem directum est.* » L. 80 D. de reg. jur. Ainsi, tandis que les articles 1382 et 1383 n'admettent aucune exception, la loi spéciale du notariat l'admet, au contraire, d'une manière formelle et même dans le cas le plus fréquent de l'action en dommages-intérêts, celui qui résulte de la nullité des actes. L'art. 68 de la loi de ventôse, en effet, n'autorise les Tribunaux à prononcer dans ce cas des dommages-intérêts, que *s'il y a lieu.*

Le Code civil, dans le chapitre des délits et quasi délits, n'a eu en vue que les rapports sociaux de particulier à particulier et le maintien de la loi générale qui défend de porter préjudice à autrui dans les mille détails de la vie civile qu'il ne pouvait prévoir. Il a laissé en dehors tout ce qui tient au droit public, et la responsabilité des fonctionnaires publics en fait partie : cela est si vrai que la garantie donnée contre eux est écrite dans les lois spéciales qui déterminent leurs attributions et leurs devoirs ; que , dans le texte des différents codes , toutes les fois que le législateur a voulu sanctionner une disposition par la condamnation du notaire contrevenant à des dommages-intérêts , il s'en est expliqué formellement ; précaution bien inutile et répétition surabondante, si dans son intention les articles 1382 et 1383 eussent été généralement applicables. « Il ne faut pas, dit Montesquieu, séparer les lois des circonstances dans lesquelles elles ont été faites (*Esp. des lois*, liv. 29, ch. 14). Il faut dans chaque genre d'affaires, dit encore Daguesseau , consulter la loi qui lui est propre : autrement tout deviendrait incertain, si l'on voulait pour ainsi dire dépayser les principes. » (*OEuv.*, t. 8 , p. 483.)

Enfin le principe de ces articles existait également dans l'ancien droit , et on n'avait jamais songé à l'appliquer d'une manière absolue et sans modifications à la responsabilité des officiers ministériels.

C'est d'après ces considérations si justes, que dans une matière analogue, la prise à partie , la jurisprudence a proscrit l'application directe de l'art. 1382. La Cour de cassation, chamb. civ., dans un arrêt du 17 juillet 1832, S. 32 1.484, a considéré « en droit qu'il résulte de l'art. 515 C. pr. civ., qui régit aujourd'hui la prise à partie, qu'elle n'a lieu que dans les cas suivants : 1°..... que s'il résulte de diverses dispositions du Code civil que celui qui commet une faute dommageable à autrui, est tenu de la réparer, et que la faute grave oblige, en certains cas comme le dol et la fraude, à des dommages-intérêts, il ne s'ensuit pas que les juges puissent être pris à partie pour avoir commis dans l'exercice de leurs fonctions une faute même grossière, mais sans dol ni fraude prouvés — que l'on ne saurait raisonner par analogie en matière de prise à partie, que tout est de rigueur en pareil cas, et qu'on ne saurait y appliquer les maximes ordinaires du droit civil, puisqu'il n'y est pas seulement question d'une réparation pécuniaire et de dommages-intérêts, mais de l'honneur et de l'état des magistrats dénoncés..... »

Le notaire n'est-il pas pour la juridiction volontaire ce qu'est le juge pour la juridiction contentieuse? Lui aussi a besoin de cette dignité et de ce respect qui seuls peuvent assurer à ses actes la force des décisions judiciaires. Et tandis que le juge, dont le ministère est forcé et l'état inamovible, n'a à craindre dans une prise à partie qu'une atteinte portée à son honneur et à sa considération, le notaire peut voir encore dans une action en dommages-intérêts une cause de ruine complète par suite du discrédit moral qu'elle peut occasionner, et de la désertion d'une clientelle, dont elle a éveillé la défiance. L'honorable magistrat qui a élevé un si beau monument à la science notariale, M. Rolland de Villargues, dit à ce sujet, dans

son *Répertoire du notariat* : v° Resp. des not. n° 7.
« L'exercice des fonctions publiques doit mettre
celui qui en est revêtu à l'abri des soupçons et des
chicanes dont on peut être au contraire impunément
prodigue envers de simples particuliers. Choisi
dans une classe éclairée et honorable, le notaire jouit
à ce titre de la confiance du Gouvernement qui lui a
départi des fonctions délicates et qui supposent
toutes les qualités morales. D'une autre part, la
considération publique doit environner ces fonctionnaires, et ne serait-ce pas compromettre l'institution elle-même que d'ouvrir la porte à des
réclamations, à des procès, qui ne devraient pas
se justifier par un véritable intérêt, par des causes
graves ? »

S'il n'en était pas ainsi, si dans l'exercice de
leurs pénibles fonctions, les notaires n'avaient pas
une sécurité réelle, s'ils pouvaient être assujettis
à répondre de tous leurs actes, et de ces moments
d'erreur ou d'oubli qui peuvent surprendre l'homme
le plus attentif et le plus capable, l'institution serait
désertée par les prudents et les sages et abandonnée
aux suffisants et aux téméraires.

Que deviendrait d'ailleurs cette confiance si
nécessaire au notariat, dans l'hypothèse d'une responsabilité générale et absolue ?

C'est à celui qui présenterait le plus de garanties
pécuniaires, au notaire le plus riche que les parties

s'adresseraient de préférence, et non à celui qui serait le plus probe et le plus éclairé : car celui-ci n'est pas à l'abri d'une faute involontaire et dommageable, et ne serait peut-être pas aussi bien en mesure d'en réparer les suites.

On a dit, pour justifier une jurisprudence rigoureuse, qu'il fallait mettre un terme à des négligences coupables, repousser l'impéritie et l'imprudence de ceux qui abordent sans crainte des fonctions difficiles et délicates, qu'ils ne sont pas à même de remplir. Rien de plus juste, et tel est aussi le vœu de la loi en donnant aux parties un recours contre l'ignorance et l'infidélité des notaires : mais on arrive à ce but en restant dans ses termes, et il n'est pas nécessaire de reculer indéfiniment les bornes de la responsabilité; car on atteint alors non-seulement l'homme ignorant et infidèle, mais encore le notaire le plus attentif et le plus prudent, dominé instantanément par une préoccupation majeure ou les difficultés d'un acte. Pour remédier plus sûrement aux inconvénients signalés, qu'on étende aussi loin qu'on le jugera convenable, les conditions d'admission au notariat ; le besoin d'une extension aux conditions actuelles est assez généralement senti, et le notariat l'appelle lui-même de tous ses vœux. Mais que le notaire, une fois en possession de son titre, puisse envisager l'étendue de ses obligations, et se dire que, marchant franchement dans les sen-

tiers de la droiture et de l'honneur, il sera à l'abri
derrière sa bonne foi, qu'en un mot il ne devra répondre que de son dol et de ces fautes grossières ,
qu'il n'aura pu commettre sans intention coupable
et qui n'admettent pas d'excuse.

Il faut donc conclure de tout ce qui précède que
la responsabilité des notaires, prononcée suivant
l'exigence des cas par des textes particuliers, doit
être sagement restreinte dans les limites légales ou
tout au moins dans le cercle des devoirs particuliers
et essentiels de la profession ; que la faute qu'elle
a pour but de réparer doit être grave en elle-même
et ne pouvoir admettre l'excuse de la bonne foi ou
de la faiblesse humaine.

C'est assez dire que les articles 1382 et 1383
ne sauraient être appliqués légalement à la responsabilité des notaires, et il convient d'autant plus
d'insister à ce sujet que la jurisprudence a toujours
invoqué ces articles, moins comme énonçant un
principe de droit naturel nécessairement soumis
aux modifications résultant de lois spéciales, que
comme une disposition légale directement applicable.

Cela posé, voici quelques règles d'après lesquelles on peut estimer le degré de gravité de la faute:

1° Si la faute imputée au notaire est commune
à la partie, laquelle y a concouru de quelque
manière, soit en induisant le notaire en erreur,

2

soit en demandant dans son intérêt propre l'inobservation de quelques formalités, il est évident que
le caractère de gravité s'efface, et qu'on ne saurait
admettre quelqu'un à se plaindre d'un tort dont il
a été complice.

2° On doit être plus sévère à l'égard du notaire
dont le ministère est forcé, tel qu'un notaire commis
par justice, qu'à l'égard de celui choisi librement
par la partie. Or, comme cette circonstance est la
plus générale, celle qui se montre le plus habituellement, on pourra dans les cas ordinaires faire
supporter à la partie la conséquence de son mauvais
choix.

3° On estime naturellement avec moins de sévérité les fautes d'omission que celles de commission, ces dernières constituant pour ainsi dire
le contrevenant en état de rébellion contre la loi; les
premières, au contraire, ne pouvant être trop rigoureusement imputées sans faire, en quelque
sorte, le procès à la fragilité humaine.

C'est dans l'esprit de ces premiers principes qu'il
convient d'examiner les divers cas de responsabilité; pour plus grande clarté, nous les classerons
sous trois titres : le premier traitera de la responsabilité des notaires à l'égard du trésor, le second
de celle à laquelle ils peuvent être soumis vis-à-vis
des parties, le troisième de celle qui peut être
demandée par leurs collègues.

CHAPITRE II.

De la responsabilité des notaires à l'égard du trésor.

La responsabilité des notaires à l'égard du trésor est prononcée par des lois spéciales, relatives à la délivrance des certificats de propriété, des certificats de vie, et à l'enregistrement des actes. Il y a lieu de l'examiner séparément sous ce triple aspect.

SECTION Ire.

DE LA RESPONSABILITÉ RELATIVE AUX CERTIFICATS DE PROPRIÉTÉ.

Les notaires ont le droit de délivrer les certificats de propriété nécessaires aux nouveaux propriétaires d'inscriptions sur le grand livre de la dette publique, pour obtenir une nouvelle inscription en rapportant l'ancienne. (L. 28 floréal an VII.)

Ils ont le droit de délivrer les certificats de propriété, nécessaires aux héritiers ou ayant-droit pour
retirer le cautionnement de leurs auteurs. (Décr.
18 septembre 1806.)

Dans les deux cas, les certificats sont délivrés par
le notaire, détenteur de la minute, lorsqu'il y a eu
inventaire ou partage par acte public, ou transmis-
sion gratuite à titre entre-vifs ou par testament.

Quoique la loi ne parle pas en termes exprès de
la responsabilité du notaire qui a délivré un certificat erroné, on a décidé cependant, en principe,
qu'il est garant de la vérité des faits qu'il atteste,
puisqu'il a seul connaissance des pièces qui les
établissent. (Roll. de Vill., Rep. v° *certif. de prop.*,
n° 20.)

Mais la responsabilité ne s'étend pas à l'état et
à la capacité du propriétaire, comme par exemple
s'il est mineur, interdit, pourvu d'un conseil judiciaire, ou si c'est une femme mariée sous tel ou
tel régime. Sans doute il est convenable que le
certificat mentionne cette circonstance, et le décret
de 1806, dans les notes qui accompagnent les modè-
les qui y sont annexés, en fait une recommandation
expresse. Mais on ne peut en cas d'omission action-
ner en garantie, le notaire qui a pu ignorer la
capacité du propriétaire. Cette doctrine est consacrée par une arrêt de la Cour de cassation, du 8
août 1827 (S. 27 1.425.)

Dans l'espèce de cet arrêt, un individu pourvu d'un conseil judiciaire avait transféré la rente inscrite sous son nom, et avait ensuite réclamé contre le transfert et actionné en restitution tout à la fois le trésor public, le notaire qui avait délivré le certificat de propriété, et l'agent de change qui avait opéré la mutation. La Cour, quant au notaire, a considéré « qu'on n'attaquait pas la véracité des faits contenus dans son certificat, qui renfermait d'ailleurs toutes les énonciations prescrites par la loi de floréal an VII, que l'arrêt attaqué ne déclarait aucun fait de nature à inculper le notaire de négligence ou d'imprudence » et elle a en conséquence rejeté la demande en garantie.

La loi de floréal an VII et le décret de 1806 n'exigent en effet que les noms, prénoms et domicile des nouveaux propriétaires ou des héritiers et ayant droit, la qualité en laquelle ils procèdent et possèdent, ce qui s'entend simplement s'ils sont légataires, héritiers ou donataires, l'indication de la portion de la rente ou cautionnement à laquelle ils ont droit et l'époque d'entrée en jouissance. Exiger autre chose de plus, ce serait violer le principe équitable reconnu par la Cour de cassation dans son arrêt ci-dessus cité, et qui veut que la responsabilité des fonctionnaires publics soit limitée aux cas et aux seuls cas prévus par les lois, qui déterminent la nature et l'étendue de leurs obligations. Ce serait mettre les rédacteurs des certificats de propriété dans l'impossibilité fréquente de les délivrer. Car il peut arriver que l'incapacité du propriétaire ne soit pas connue, si ses droits sont établis par des actes muets à cet égard, ou même si l'incapacité est postérieure à la délivrance du certificat.

Mais si les actes qui ont servi de base au certificat contenaient la mention de l'incapacité, ou si elle avait pu être légalement connue du notaire, comme par exemple s'il s'agit d'un interdit dont le nom eût dû être inscrit sur le tableau prescrit par l'article 18 de la loi du 25 ventôse an XI, on a pensé qu'il y aurait alors de la part du notaire cette négligence coupable, qui peut motiver l'action en garantie. (Arg^t de l'arrêt de la Cour de cass., du 8 août 1827; Roll., n° 23.)

SECTION II.

DE LA RESPONSABILITÉ RELATIVE AUX CERTIFICATS DE VIE.

Le décret impérial du 21 août 1806 donnait, aux notaires nommés à cet effet sur la présentation du ministre des finances, le droit exclusif de délivrer les certificats de vie nécessaires pour le payement des rentes viagères et pensions sur l'État.

L'article 9 de ce décret porte : « Les notaires certificateurs sont garants et responsables envers le trésor public de la vérité des certificats de vie par eux délivrés, soit qu'ils aient ou non exigé des parties requérantes l'intervention des témoins pour attester l'individualité, sauf, dans tous les cas, leur recours contre qui de droit. »

Cet article n'est qu'une application spéciale du principe posé dans l'article 11 de la loi du 25 ventôse, portant que le nom, l'état et la demeure des parties devront être connus du notaire... Il faut remarquer cependant cette différence importante que, dans les cas ordinaires, le notaire qui a fait certifier l'individualité des parties contractantes par les deux témoins exigés par la loi, est à l'abri de toute recherche ; et qu'en matière de certificat de vie, cette attestation ne met pas obstacle à l'action du trésor contre le notaire, si elle est entachée d'erreur ou de fausseté. Au reste, l'article 9 du décret de 1806 n'a donné lieu à aucune difficulté d'interprétation.

Postérieurement, l'ordonnance du 30 juin 1814 a conféré, à tous les notaires de Paris indistinctement, le droit de délivrer les certificats de vie nécessaires aux rentiers viagers et pensionnaires de l'État.

On avait dit, sous l'empire de cette ordonnance, que la responsabilité spéciale prononcée contre les notaires certificateurs étant la conséquence du privilége qui leur était conféré par le décret de 1806, devait cesser avec ce privilége aboli pour les notaires de Paris. Mais ce système était repoussé par l'article 2 de l'ordonnance portant : « Les dispositions du décret de 1806, concernant.. la garantie et la responsabilité des notaires envers le trésor royal, sont confirmées. » Aussi a-t-il été rejeté par un arrêt de la Cour royale de Paris, du 2 février 1838 (Cont. 1838, art. 5263).

Enfin, l'ordonnance du 9 juillet 1839 a aboli le privilége établi par l'article 1 du décret de 1806, et conféré à tous les notaires du royaume indistinctement le droit de délivrer les certificats nécessaires pour le payement des rentes viagères et pensions sur l'État. Mais elle maintient par son article 2 toutes les autres dispositions du décret primitif, et spécialement le principe de la responsabilité.

L'instruction ministérielle du 27 juin, qui a suivi cette ordonnance, rappelle du reste en termes exprès l'article 9 du décret, et explique l'étendue de la responsabilité du notaire certificateur, et ce qu'il faut entendre par ces mots, dont s'est servi le législateur dans cet article : Vérité des certificats. Elle consiste, d'après l'instruction, non-seulement dans le fait de l'individualité, mais elle embrasse également les indications de tout genre, qui sont à donner sur la position et le domicile des parties, et la déclaration que celles-ci ont à faire en exécution des lois prohibitives du cumul.

Le décret de 1806, tout en rendant les notaires garants de la vérité des certificats qu'ils délivrent sur l'attestation des témoins, leur réserve avec raison, en cas de fausseté, leur recours contre ces derniers. Mais, pour que ce recours puisse être valablement exercé, il faut que les témoins aient comparu dans l'acte incriminé et y aient apposé leur signature : il ne suffirait pas qu'ils eussent signé sur le registre tenu spécialement pour la délivrance des certificats de vie. Ainsi jugé par l'arrêt de la Cour royale de Paris, du 2 février 1838, ci-dessus rappelé.

Dans l'espèce de cet arrêt, le notaire avait délivré les certificats sur l'attestation de deux témoins qui avaient seulement signé sur le registre comme cela se pratiquait ordinairement. Ces certificats ayant été reconnus erronés, le notaire fut actionné en garantie, et voulut exercer son recours contre les témoins, qui lui avaient certifié l'individualité du faussaire, et avaient signé au registre ; mais la Cour a considéré avec les premiers juges, dont elle a confirmé la sentence :

« Que les témoins n'avaient pas comparu comme témoins instrumentaires dans le certificat, qui ne porte que la signature du notaire; que dès-lors il n'est pas constaté d'une manière régulière que leur intervention ait eu pour objet d'attester l'individualité du faussaire ; que le notaire, en ne faisant comparaître aucun témoin dans les actes dont s'agit pour attester l'individualité de celui qui les requérait, doit être réputé en avoir eu une connaissance personnelle, aux termes de l'article 11 de la loi du 25 ventôse, et avoir dès-lors assumé sur lui seul la responsabilité pouvant résulter de la non identité; que la signature, apposée sur le registre du notaire par les témoins, ne peut être prise en considération et servir de base à une action en garantie ; qu'en effet il résulte des termes de l'article 11 de la loi du 25 ventôse que, si le notaire veut avoir une action contre les témoins , comme responsables de de leur attestation , il doit les faire intervenir dans l'acte et les rendre ainsi certificateurs de l'individualité ; que la loi du 25 ventôse ne contient à cet égard aucune exception pour les certificats de vie, et qu'il résulte même des termes de l'article 9 du décret de 1806 que l'intervention des témoins y doit avoir lieu, si le notaire ne connaît pas personnellement le requérant ; que rien ne constate suffisamment quel était le but de la signature apposée par les témoins sur le registre , qu'il n'est pas possible de savoir précisément leur intention et quel engagement ils ont entendu prendre ; qu'en admettant qu'ils eussent voulu attester connaître le faussaire qui requérait le certificat , ils n'eussent peut-être pas persévéré à attester cette individualité, si le notaire les eût appelés à figurer dans l'acte comme témoins. »

SECTION III.

DE LA RESPONSABILITÉ RELATIVE A L'ENREGISTREMENT DES ACTES.

Dans le but de faciliter et d'assurer le recouvrement de l'impôt, la loi fiscale a rendu, dans certains cas, le notaire personnellement responsable du payement du droit. Il s'agit moins ici, comme on le sent bien, de réparer un préjudice que de le prévenir, en cas d'insolvabilité du débiteur direct.

L'article 43 de la loi du 22 frimaire an VII portait : « Aucun notaire ne pourra faire ou rédiger un acte en vertu d'un acte sous signature privée ou passé en pays étranger, l'annexer à ses minutes, ni le recevoir en dépôt, ni en délivrer extrait, copie ou expédition, s'il n'a été préalablement enregistré, à peine de 50 fr. d'amende et de répondre personnellement du droit. »

L'article 13 de la loi du 16 juin 1824 a modifié cette disposition en ces termes :

« Les notaires pourront faire des actes en vertu et par suite d'actes sous seing privé non enregistrés et les énoncer dans leurs actes, mais sous la condition que chacun de ces actes sous seing privé demeurera annexé à celui dans lequel il se trouvera mentionné, qu'il sera soumis avec lui à la formalité de l'enregistrement, et que les notaires seront personnellement responsables non-seulement des droits d'enregistrement et de timbre, mais encore des amendes auxquelles les actes se trouveront assujettis. »

Pour que cet article soit applicable, et que la responsabilité du notaire soit prononcée, il faut que l'acte sous seing privé soit la cause déterminative de l'acte public ; il ne suffirait pas qu'il y fût simplement énoncé. (Déc. min. fin. 6 novembre 1822.)

Mais, si l'acte public se rapporte à l'acte privé, qui devient ainsi la cause du premier, le notaire est responsable du payement des droits de l'acte non enregistré.

En principe, le notaire est tenu d'acquitter les droits d'enregistrement dus sur les actes qu'il reçoit ; mais il y a cette différence entre les actes de son ministère et les actes sous seing privé qui peuvent leur servir de base, que pour les premiers le notaire est débiteur direct et personnel du droit (art. 29 de la loi du 22 frim. an VII. Champ. et Rig. *Traité des droits de l'enregistrement*, t. 4, p. 869) et que pour les actes sous seing privé, le notaire n'est plus débiteur primitif et direct, mais seulement responsable, après discussion de la partie débitrice; car la responsabilité n'est pas la solidarité: c'est ce qui a été formellement jugé par un arrêt de la Cour de cassation, section civile, du 3 juillet 1811 (S. 1811 1.334), ainsi motivé :

« Attendu qu'il est de principe, confirmé par l'article 1202 du Code civil, que la solidarité ne se présume pas, quelle doit être formellement stipulée ou dériver d'une disposition de la loi ; que dans l'espèce la solidarité doit d'autant moins se présumer en vertu de l'article 42 de la loi du 22 frimaire an VII; que dans l'article qui précède, les notaires ont été soumis à une action immédiate, tandis que l'article 42 ne prononce contre eux qu'une simple responsabilité.

« Enfin, que lorsque le législateur a voulu que la solidarité eût lieu pour la perception des droits d'enregistrement , il s'est prononcé en termes explicites... »

L'obligation pour les notaires de faire enregistrer leurs actes dans un certain délai peut engager leur responsabilité vis-à-vis de leurs clients ; nous examinerons dans le chapitre suivant la nature et l'étendue de la garantie qui peut être exercée contre eux.

CHAPITRE III.

De la responsabilité des notaires à l'égard des parties.

Le nombre et l'importance des matières qui doivent composer ce chapitre, exigent impérieusement une division qui en facilite l'intelligence et la recherche.

La responsabilité à laquelle peuvent être soumis les notaires vis-à-vis des parties qui recourent à leur ministère, est directe ou indirecte :

Directe, quand il s'agit d'un fait qui leur est personnellement imputable;

Indirecte, quand elle les atteint pour un fait auquel ils sont étrangers, ou qui a été commis par les personnes dont ils doivent légalement répondre.

Dans la première division, nous aurons à considérer les notaires comme officiers publics, comme dépositaires, comme mandataires.

Dans la seconde, nous examinerons s'ils sont responsables des faits de leurs clercs, et des actes qu'ils n'ont signé qu'en second.

PREMIÈRE DIVISION.

RESPONSABILITÉ DIRECTE.

SECTION Ire.

Des notaires considérés comme officiers publics.

Les notaires, en tant que fonctionnaires publics, ont, comme nous l'avons vu, des obligations *légales* résultant des prescriptions des lois spéciales qui les régissent, et des obligations purement *morales*, qui tiennent à la nature de leurs fonctions, et ne sauraient faire le sujet d'aucune loi écrite. Dans quelles circonstances les infractions à ces diverses espèces d'obligations peuvent-elles engager leur responsabilité ? C'est ce qu'il faut maintenant examiner.

Mais avant d'aller plus loin, remarquons qu'il ne s'agit dans tout ce qui va suivre que d'infractions involontaires, commises par pure négligence ou imprudence, mais sans aucune intention coupable, exemptes enfin de dol, de fraude ou de tout autre caractère criminel. Dans le cas contraire, il n'y a lieu à aucune distinction.

En principe, chacun répond de son dol et de sa fraude, et cette règle doit être plus sévèrement appliquée au notaire qu'à tout autre, alors que par la nature de ses fonctions et la confiance de la loi, il est l'arbitre de la bonne foi parmi les hommes , et qu'il exerce dans la vie civile des nations une espèce de sacerdoce si nécessaire au bien-être social.

Mais le dol et la fraude ne se présument pas et doivent être prouvés. (1116 C. c.) Ainsi, en l'absence de cette preuve , il faudra se placer dans l'hypothèse d'une irrégularité involontaire, et c'est du reste ce qui arrivera toujours dans les nombreux monuments de la jurisprudence, que nous aurons à enregistrer.

Il faut observer d'ailleurs que le dol et la fraude peuvent être de nature à caractériser un délit ou un crime , constituer une escroquerie , un abus de confiance, un vol, un faux et donner naissance à l'action ouverte par l'article 2 du Code d'instruction criminelle , et qu'il n'entre pas dans notre plan d'examiner.

§ Ier — *Des obligations légales.*

Les obligations légales des notaires se rapportent soit aux devoirs particuliers qui tiennent à leurs fonctions, soit aux formalités exigées pour l'authenticité et la validité des actes , et dont l'omission est prescrite à peine de nullité. Nous examinerons sous ces deux divisions , quelle peut être, en cas d'inaccomplissement de ces obligations, la responsabilité des notaires.

ARTICLE 1er. — *De l'infraction aux devoirs particuliers de la profession.*

L'institution du notariat est réglementée par la loi du 25 ventôse an XI: en étudiant soigneusement l'ensemble de cette loi, il est aisé de se convaincre que ses rédacteurs ont voulu établir pour les diverses infractions une échelle de pénalité, basée sur le plus ou moins de gravité de la faute. Ainsi la loi prononce dans certains cas la destitution et la suspension, dans d'autres, des dommages-intérêts, dans d'autres enfin, de simples amendes pécuniaires. Cette gradation est souverainement équitable, et il importe de la signaler dans la matière qui nous occupe: car elle fournit un enseignement utile dans l'application pratique de la loi. En effet, si le législateur a été amené par la nature même des choses à ce système de pénalité proportionnelle dans l'ordre général des infractions, il en résulte que le juge doit suivre la même voie dans chaque espèce particulière qui lui est soumise. Cette conséquence n'est pas au reste de pure théorie: elle est indiquée par la loi elle-même dans l'article 68. Disons donc en principe que, dans toutes les questions de responsabilité sur lesquelles ils ont à prononcer, les juges doivent examiner le plus

3

ou moins de gravité de l'infraction, et que cet examen doit être pour eux dans l'application de la loi de ventôse, ce qu'est pour le jury l'admission des circonstances atténuantes dans l'application des lois criminelles.

Cela posé, et en mettant de côté les infractions qui peuvent entraîner la destitution et la suspension, et celles qui ne donnent lieu qu'à de simples amendes, et qui ne rentrent pas dans notre cadre, examinons seulement celles qui peuvent être le fondement d'une action en dommages-intérêts de la part des parties qui souffrent par suite de ces infractions un préjudice quelconque.

Réception des actes. — L'article 1 de la loi du 25 ventôse institue les notaires pour recevoir les actes et contrats, auxquels les parties doivent ou veulent donner le caractère d'authenticité attaché aux actes de l'autorité publique.

L'authenticité d'un acte résulte de l'ensemble des prescriptions que la loi impose aux fonctionnaires chargés de la donner. Il ne suffit donc pas que l'une ou quelques-unes seulement de ces prescriptions soient remplies, que l'acte par exemple soit signé par l'officier public, il faut encore qu'il ait été *reçu* par lui. Or, dans le sens légal recevoir un acte c'est entendre les conventions des parties, constater leurs déclarations, assister à leur signature, de telle sorte que les énonciations exigées soient l'expression de la vérité des faits qui se sont passés, et non pas de pures formalités.

La réception des actes, entendue dans ce sens, est le but essentiel et principal de l'institution du notariat et il n'est pas douteux que l'officier public, assez oublieux de ses devoirs à ce sujet pour signer et mettre au rang de ses minutes un acte rédigé et signé par les parties hors de sa présence, ne fût passible des dommages-intérêts des parties, en cas de nullité de l'acte. C'est ce qui a été jugé par la Cour de cassation le 1er juin 1840. (S. 40 1.495.) Voici les faits qui ont amené cette décision :

La dame Cautel ayant des fonds à placer chargea Me Poitrineau, son notaire habituel, de lui procurer un emprunteur. Ce dernier s'offrit lui-même en cette qualité, et proposa pour sûreté du remboursement une hypothèque conventionnelle sur un immeuble appartenant à son père. Cette offre ayant été acceptée, Poitrineau rédigea lui-même l'acte de prêt, et stipula une hypothèque sur un prétendu domaine appartenant à son père, en vertu d'une fausse procuration de celui-ci : il fit ensuite signer l'acte à la dame Cautel le signa lui-même, et se rendit chez son collègue Thubeuf, qui consentit à le signer comme l'ayant reçu, et le mit au rang de ses minutes. Poitrineau ayant quelque temps après pris la fuite, la fausseté des énonciations contenues dans l'acte de prêt fut découverte , et la dame Cautel , victime d'un abus de confiance, actionna en garantie le notaire Thubeuf, sur le fondement qu'en négligeant un des devoirs essentiels de sa profession, la réception réelle de l'acte de prêt , il était cause du préjudice qu'elle éprouvait. Le notaire , disait-elle , assez imprudent pour signer un acte qu'il n'a pas reçu, s'expose à consacrer de fausses énonciations, et comme elles eussent pu ne pas lui échapper s'il s'était conformé rigoureusement à ses devoirs , il ne saurait échapper à une juste responsabilité.

Les juges de première instance et la Cour de Rouen avaient renvoyé le notaire Thubeuf de la demande formée contre lui , sa bonne foi n'étant pas d'ailleurs contestée. La Cour se fondait surtout sur ce que les conventions avaient été discutées et définitivement arrêtées entre la dame Cautel et Poitrineau, quand Me Thubeuf leur avait conféré le caractère d'authenticité , sur ce que ce dernier n'était pas le conseil du prêteur, qu'on ne lui reprochait d'ailleurs aucune omission des formalités substantielles de l'acte , et qu'il n'était pas ainsi la cause du préjudice éprouvé par la dame Cautel , qui ne devait s'en prendre qu'à elle-même et à son aveugle confiance dans Poitrineau.

Mais la Cour, « vu les articles 1, 9, 11, 12, 13, 27, 28, 33 et 68, de la loi du 25 ventôse an XI, et les articles 1382 et 1383 du Code civil ;

« Attendu que d'après l'article 1er de la loi du 25 ventôse an XI, les notaires sont institués pour recevoir tous les actes et contrats auxquels les parties doivent ou veulent faire donner le caractère d'authenticité attaché aux actes de l'autorité publique ; — que d'après l'article 9, les actes sont reçus par deux notaires, ou par un notaire assisté de deux témoins ; — que par l'article 11, le nom, l'état et la demeure des parties doivent être connus de ces officiers publics ; — que par l'article 12, ils doivent énoncer entre autres le lieu où les actes sont passés, sous les peines prononcées par l'article 68 et même de faux si le cas y échet ; — que cet article soumet le notaire contrevenant à des dommages-intérêts s'il y a lieu ; et qu'enfin, par l'article 33, les notaires sont assujettis à un cautionnement spécialement affecté à la garantie des condamnations prononcées contre eux par suite de l'exercice de leurs fonctions ; qu'il suit de ces diverses dispositions, que le caractère d'authenticité donné aux actes, et que la foi qui leur est accordée ne résultent pas seulement de la qualité d'officier public, dont le notaire est revêtu, mais encore et surtout de la rigoureuse exactitude avec laquelle il remplit les devoirs de son ministère ;

« Attendu qu'il suit encore de ces dispositions, comme de l'ensemble de la loi de ventôse, que le principe de la responsabilité des notaires, fondement de leur institution, devient aussi la sanction des obligations qui leur sont imposées ;

« Attendu que la réception des actes par les notaires n'est réelle dans l'esprit de la loi qu'autant qu'ils président eux-mêmes aux stipulations des parties, et qu'ils constatent leurs déclarations ; que la *réalité* de la réception devient ainsi pour eux un devoir d'autant plus impérieux, que son infraction produirait l'effet de priver l'acte du caractère d'authenticité que le législateur a eu en vue de lui donner ; — que la *connaissance* des contractants, et l'expresse énonciation du *lieu* où les actes sont passés se trouvent également au nombre des obligations les plus rigoureuses imposées à ces officiers ;

« Attendu que les notaires ne peuvent se soustraire à ces obligations sans engager leur responsabilité, et que si les infractions dont ils se rendent coupables, deviennent l'occasion d'un dommage pour les parties contractantes, sa réparation doit se régler d'après les principes du droit commun consacré par les articles 1382 et 1383 du Code civil ;........ casse. »

La doctrine établie par cet arrêt impose aux notaires la plus grande circonspection dans les circonstances assez fréquentes qu'il prévoit. Quoique une confiance et une estime réciproques doivent caractériser leurs rapports habituels avec leurs collègues, il leur importe néanmoins, pour se conformer à leurs devoirs, d'exiger la présence réelle des parties, d'entendre leurs déclarations, et de ne pas se prêter trop facilement à des actes de complaisance b!amâble. Il convient même que le notaire, qui demande à son collègue de recevoir un acte qui l'intéresse personnellement, le mette à même d'accomplir fidèlement les prescriptions de la loi; si les formalités, auxquelles le législateur a attaché la preuve de l'authenticité des actes, doivent être généralement respectées, c'est surtout par ceux-là même qui sont spécialement chargés de leur application journalière.

Aux yeux de la loi, le notaire qui reçoit un acte ne fait que donner la forme probante à des conventions préalablement existantes, et qui sont entièrement personnelles aux parties libres de les modifier ou de les diversifier à leur gré. Aussi, la question de savoir si l'erreur dans la rédaction d'un acte peut donner lieu contre le notaire à des dommages-intérêts de la part des contractants lésés, doit être résolue négativement. Chargé de constater des conventions antérieurement arrêtées, le notaire ne reçoit le plus souvent que des renseignements incomplets ou inexacts, et cette circonstance peut influer sur sa rédaction sans qu'on soit fondé à lui en faire un reproche: il y a plus, et en admettant que le notaire ait été à même d'éviter l'erreur, il ne saurait être recherché ultérieurement à cet égard. Car dès que les parties ont entendu la lecture de l'acte et l'ont approuvé par leur signature ou par la déclaration qu'elles ne savent ou ne peuvent signer, elles deviennent plus particulièrement coupables d'une erreur qu'il leur était plus facile de réparer. Les termes de l'acte sont leur ouvrage ; elles se l'approprient entièrement et doivent s'imputer à elles-mêmes l'erreur ou l'irrégularité qui leur cause plus tard un préjudice.

Peut-on dire que le notaire, étant le mandataire des parties, est tenu envers elles des obligations qui dérivent du mandat, et doit répondre de sa faute (C. c. 1992). Non, sans doute, car ce n'est pas au nom des contractants que le notaire agit dans la réception d'un acte ; le mandat suppose l'absence du mandant, et le pouvoir donné à un autre d'agir à sa place et de faire ce qu'il aurait fait lui-même. Or, les parties contractantes sont présentes à la rédaction de leurs conventions, et le pouvoir de donner l'authenticité à des conventions privées résulte pour l'officier public du titre qui lui est conféré par la loi, et non de la volonté des parties. L'instrumentation du notaire n'est donc pas l'exécution d'un mandat, mais bien l'accomplissement d'une fonction publique soumise à des règles spéciales. En admettant même qu'il n'en fût pas ainsi, qu'on pût voir un mandat dans la rédaction de l'acte, dans l'emploi des termes qui servent à établir et à expliquer les conventions des parties, et que celles-ci étaient libres de formuler à leur gré, il n'en est pas moins vrai que, par l'approbation donnée à l'acte résultant de la lecture et de la signature, les parties ont ratifié le mandat donné au notaire, et l'ont ainsi déchargé de toutes les suites du contrat.

La Cour de Lyon, par arrêt du 13 avril 1833, S. 33 2.393, a néanmoins jugé en sens contraire dans l'espèce suivante. Le sieur Travers, créancier de deux rentes viagères consenties l'une par les époux Coignet, et l'autre par les époux Devaux, sous le cautionnement solidaire des mêmes époux Coignet, se présenta devant Me Charbogne, notaire, pour donner mainlevée de l'inscription faite pour sûreté de la rente due par les époux Devaux, et dont le capital avait été remboursé par les époux Coignet en leur qualité de caution. Me Charbogne, au lieu d'énoncer dans le consentement à radiation l'inscription prise contre les époux Coignet en leur qualité de caution, mentionna celle qui avait été faite contre eux en leur qualité de débiteurs principaux de la rente qui était encore due. Et par suite de la radiation de cette dernière inscription, le créancier ne pouvant obtenir son payement des époux Coignet devenus insolvables, actionna le notaire rédacteur de l'acte de mainlevée en dommages-intérêts. Il s'agissait, comme on le voit, d'une simple erreur de rédaction d'autant plus excusable, que les deux inscriptions avaient été faites à suite l'une de l'autre, au profit du même créancier contre les mêmes débiteurs, avec cette légère différence que les époux Coignet étaient dans l'une débiteurs purs et simples, et dans l'autre cautions solidaires. Néanmoins la Cour royale de Lyon a cru devoir admettre : « que l'erreur du notaire porta sur la désignation du numéro de l'inscription à radier, désignation qui fut fautive seulement quant au dernier chiffre de ce numéro, lequel était le chiffre 2 au lieu du chiffre 3; qu'une telle erreur, quoique légère en apparence, n'était pas moins de nature à avoir, comme cela est arrivé, les plus graves résultats : et qu'il faut tenir pour manifeste d'après les énonciations de l'acte, que le notaire Charbogne qui avait lui-même négocié les deux placements à rente viagère, auxquels s'étaient référées les deux inscriptions prises par Travers, avait bien sous les yeux, lorqu'il rédigea l'acte de quittance et de mainlevée dont il s'agit, toutes les pièces propres à le prémunir contre l'erreur où il tomba en le rédigeant, c'est-à-dire, à lui faire clairement distinguer les inscriptions relatives à chacun des deux placements et les numéros de chacune d'elles ; que dès-lors, la faute ou l'erreur fut bien son propre fait ; que néanmoins s'il en est responsable, ce n'est pas qu'il faille considérer les notaires comme étant *les mandataires des parties qui contractent devant eux, et comme étant à ce titre tenus envers elles des obligations qu'impose le mandat* ; mais qu'on doit reconnaître que pour tous les vices de forme, fautes ou erreurs par eux commises dans la rédaction des actes qu'on passe devant eux, et s'il en résulte pour les parties quelque préjudice, il y a lieu sans difficulté d'appliquer aux notaires, comme à tout autre, la disposition générale des articles 1382 et 1383 C. c., lesquels proclament d'une manière absolue contre tout individu qui a nui à autrui, non-seulement par son fait, mais encore par sa négligence ou son imprudence, la responsabilité du dommage qu'il a causé, responsabilité d'autant plus juste à exiger des notaires en particulier, qu'est plus étendue la confiance forcée qu'ont besoin d'avoir en eux les personnes de tout état, obligées sans cesse de recourir à leur ministère. »

La Cour a considéré l'erreur du notaire comme son propre fait; mais il ne faut pas perdre de vue que jusqu'à la clôture de l'acte la rédaction du notaire n'est qu'un simple projet que les parties sont libres d'adopter ou de modifier à leur gré, et c'est pourquoi la loi a voulu que lecture en fût donnée aux contractants, et qu'il fût toujours loisible d'ajouter des renvois et apostilles. Mais après sa clôture, l'acte ainsi approuvé par les parties

devient leur propre fait ; les termes de la convention sont leur propre ouvrage, et deviennent étrangers au notaire, dont la mission spéciale est
d'observer les formes nécessaires pour donner à
l'acte le caractère authentique, et d'attester les
faits qui se passent devant lui. Ces considérations
suffisent pour écarter l'application des articles
1382 et 1383 que la Cour a cru devoir invoquer ; car on ne peut raisonnablement rendre le
notaire responsable d'une erreur qui n'est pas proprement son fait, et qui lui a été commune avec
les parties. Ensuite ces articles généraux, on ne
saurait trop le redire, ne peuvent régir une matière spéciale ; qui a ses règles particulières, alors
surtout qu'on voudrait les faire servir de base à
une responsabilité que la loi notariale n'a prononcée nulle part, et qu'elle n e pouvait pas même
prévoir. Remarquez, d'ailleurs, combien le système
qui rendrait le notaire responsable d'une erreur de
rédaction, prêterait facilement à l'abus. La partie
qui aurait d'abord librement et volontairement
consenti un acte, et qui par la suite, aurait à
souffrir des termes dans lesquels il a été souscrit,
et de sa rédaction première, n'aurait qu'à se plaindre d'une erreur, et exercer un recours en garantie
contre l'officier public, rédacteur de la convention :
pourrait-on sans injustice admettre une pareille
conséquence ? Il ne faut donc pas considérer l'arrêt

de la Cour de Lyon comme un précédent dans la question actuelle, il ne peut avoir que la valeur d'une décision particulière.

Il résulte des mêmes principes qu'on ne saurait se plaindre d'une rédaction, dont la conséquence aurait été de donner lieu à des droits d'enregistrement plus élevés que ceux qu'on pouvait rendre exigibles par une autre tournure, si d'ailleurs cette rédaction atteint le but que se sont proposés les contractants et remplit exactement leurs conventions. Dans l'intérêt des parties, le notaire rédacteur doit savoir concilier avec soin la jurisprudence civile avec la jurisprudence fiscale, mais on ne peut pas dire qu'il soit légalement tenu de diminuer les droits du trésor. Il existe sur cette question un arrêt de la Cour de cassation, du 24 août 1825, S. 26 1. 2, qui présente cette circonstance remarquable que la Cour, contrairement à l'opinion des premiers juges, a trouvé en fait la rédaction de l'acte attaqué conforme aux intentions et aux intérêts des parties. Ce qui prouve suffisamment combien les questions de cette nature sont déli. cates, et combien il serait injuste et dangereux de les faire servir de base à une condamnation contre un notaire de bonne foi. Ce qui serait vrai sous l'empire de toute législation bursale, devient encore plus frappant au simple aspect de notre droit fiscal actuel, véritable cahos de décisions contradictoires et diversifiées à l'infini, dont l'application pratique offre journellement de sérieuses difficultés pour ceux-là même qui en ont fait une étude spéciale (1).

Conservation des minutes. — Le devoir du notaire après avoir reçu un acte, est d'en conserver fidèlement le dépôt. (L. 25 vent. an XI, art. 1.) Cette obligation est essentielle, et le préjudice que peuvent éprouver les parties par suite de la perte d'une minute, sert de fondement à une action en garantie contre le notaire dépositaire.

Le principe en lui-même ne souffre aucune difficulté, et il ne reçoit d'exception que dans les cas de force majeure, et dans ces circonstances malheureuses en dehors de toute prévision humaine. (Roll. de Vill., *Rep.* v° *minute*, n° 78.) Mais à part ces cas bien rares, les notaires sont responsables de la représentation de leurs minutes, et cette responsabilité est d'autant plus fondée que dans tous les temps le législateur s'est montré plein de sollicitude pour la conservation des actes des familles. C'est dans cet esprit que Charles VI voulant entourer les demeures des notaires du plus

---

(1) Voir, dans le *Journal du notariat* du 15 novembre 1841 , un article de l'auteur sur la nécessité d'une révision complète des lois fiscales en matière d'enregistrement.

grand respect, les mettre plus à couvert en cas de danger, et attirer sur elles l'attention publique et les prompts secours, ordonna, par des lettres-patentes du mois d'avril 1411, qu'en signe de la sauvegarde spéciale qu'il accordait aux notaires, ils mettraient à leurs maisons des panonceaux royaux aux armes de France (1).

La responsabilité s'étend au cas où la perte de la minute est imputable à la partie intéressée, car le notaire a commis une première faute en laissant sortir de ses mains un acte dont il était dépositaire. Ainsi jugé dans une espèce récente, où un notaire avait remis à la veuve instituée héritière avec deux de ses enfants, pour le faire enregistrer, le testament du défunt, qui avait été détruit, pendant la nuit, par les enfants non institués. (V. *Gaz. des Trib.*, 25 janv. 1843.)

Elle subsiste même après la cessation des fonctions du notaire, s'il n'a pas rempli vis-à-vis de son successeur les formalités prescrites par l'article 58 de la loi du 25 ventôse, qui exige un état

---

(1) On ne saurait trop déplorer que la prérogative établie par Charles VI soit tombée en désuétude dans beaucoup de villes, et qu'on ait substitué d'ignobles enseignes à ces panonceaux royaux, si propres à rehausser aux yeux du public la dignité de la profession du notariat.

double des minutes dont un déposé à la chambre. C'est ce qui a été jugé par arrêt de la Cour royale de Bourges, du 17 juin 1829, S. 31 2.65.

Ce même arrêt décide indirectement que les chambres de discipline ne sont soumises à aucune responsabilité relativement aux minutes d'actes déposées dans une de leurs salles, lorsque ce dépôt n'a pas eu lieu par leur ordre, et n'a été effectué que par quelques notaires dans leur intérêt particulier. Ce qui a été ainsi décidé sous l'empire de l'arrêté de nivôse an XII, doit l'être également depuis l'ordonnance du 4 janvier 1843, qui n'a fait que reproduire ses dispositions à cet égard.

Du principe même de la responsabilité dérive le droit pour les notaires de prendre, lors de la communication des actes, les précautions qui leur paraissent les plus propres à la conservation du dépôt qui leur a été confié, et si ces précautions doivent entraîner quelques frais, il est juste qu'ils soient supportés par les parties.

Un testament mystique fut déposé, en vertu d'ordonnance du président du Tribunal de Bayeux, entre les mains de Me Fréchon, notaire. Les sieurs Berrut et Verdan, héritiers présomptifs du testateur, demandèrent communication de ce testament: n'étant pas d'accord avec le notaire sur la manière dont la communication aurait lieu, ils l'assignèrent devant le Tribunal. Me Fréchon déclara qu'il offrait

de se rendre devant le président, sur la simple invi-
tation de ce magistrat, pour y représenter et communiquer en sa présence les minutes du testament
et de l'acte de suscription, moyennant salaire.
Les sieurs Berrut et Verdan acceptèrent cette offre,
mais ils prétendirent que Me Fréchon devait payer
les frais par eux exposés. Le 17 décembre 1832,
jugement qui ordonne la communication dans
l'étude du notaire ou à son choix à l'audience publique du 2 janvier, et le condamne aux dépens par
les motifs suivants :

« Considérant que le sieur Berrut avait droit à
la communication auriculaire et oculaire du testament, pour se convaincre de son existence et de
sa légalité : le notaire responsable de sa conservation avait aussi celui de se précautionner contre
les effets de cette responsabilité, mais le refus de
communiquer ne pouvant se justifier par aucun
texte de loi, ni sur aucun motif en dehors de son
seul intérêt personnel, c'était à lui à supporter les
frais exposés par le sieur Berrut pour obtenir cette
communication.»

Appel, et le 12 février 1833, arrêt de la Cour de
Pau ainsi conçu :

« La Cour, attendu qu'il est constant en droit
que les notaires doivent donner, aux termes de l'article 23 de la loi du 25 ventôse an XI, qui ne fait
que renouveler la disposition de l'article 177 de

4

l'ordonnance de 1539, connaissance aux parties des minutes des actes dont ils sont dépositaires ; mais attendu qu'aucune loi ne détermine les précautions à prendre lorsque la communication oculaire leur en est demandée ; qu'il résulte évidemment de ce silence que les notaires sont en droit de choisir celles qui leur paraissent les plus convenables , et les plus propres à la conservation du dépôt qui leur est confié ;

« Attendu que les faits et les circonstances de la cause justifient que Me Fréchon était fondé à prendre dans le cas actuel , les précautions qu'il a prises ; — Attendu que la communication doit toujours avoir lieu aux frais de ceux dans l'intérêt de qui elle est faite ; qu'il suit de ce principe incontestable que les parties n'étaient pas fondées à vouloir faire supporter par Me Fréchon certains frais qui ne pouvaient ni devaient être sous aucun rapport à sa charge....» (*Contrôl.* , art. 2706, année 1833, pag. 157.)

Mais , en cas de dénégation de la part du notaire , comment peut être faite la preuve de la réception d'un acte , ou du dépôt d'une pièce pour minute?

Et d'abord une preuve complète peut résulter de l'inscription de l'acte au répertoire.

Il en est de même de l'extrait de l'enregistrement , alors surtout qu'il est d'accord avec le répertoire; et même isolément, si le notaire ne peut justifier de la tenue d'un répertoire régulier. (Douai, 1er juillet 1816, *J. des not.*, art. 2089).

Enfin, des copies ou transcriptions littérales d'actes sur les registres publics. (Roll. de Vill. , *Rép.* vº *act. not.* , nº 298.)

Mais, en dehors de ces cas, la preuve ne peut résulter que de témoignages capables d'entraîner la conviction du juge, et qui ne peuvent être admis s'il n'existe un commencement de preuve par écrit, lorsqu'il s'agit de plus de 150 fr. (*Dict. du not.* , vº *act. not.* , §. 6. et Roll. de Vill. , *Rép.* vº *act. not.* , nº 289.) Autoriser la preuve de la passation d'un acte au-dessus de cette somme, ce serait admettre indirectement une dérogation au principe posé dans l'article 1341 du Code civil.

Ainsi on ne peut invoquer contre le notaire que l'exception posée dans l'article 1347, relative au commencement de preuve par écrit.

Quant aux autres exceptions portées dans l'article 1348, et qui s'appliquent en général aux cas où il n'a pas été possible de se procurer une preuve écrite, elles ne sauraient être admises; car il était toujours possible au contractant de se procurer la preuve écrite de la passation de l'acte, soit en exigeant l'inscription immédiate sur le répertoire, en requérant sur-le-champ son enregistrement, et dans le cas où la formalité a eu lieu sans délai, en retirant copie ou expédition de l'acte.

Mais, de son coté, le notaire ne pourrait pas écarter la preuve testimoniale sous le prétexte qu'il doit être considéré comme dépositaire volontaire, que le dépôt volontaire ne peut être prouvé que par écrit (C. c. , 1923), et qu'à défaut de cette preuve, il doit être cru sur son affirmation (C. c. , 1924); car ce ne sont pas les parties qui constituent le notaire dépositaire, mais bien la loi, et il n'intervient aucun contrat de dépôt auquel soient réellement applicables les articles précités. (Bazille et Fouquet, *Ann. du not.*, t. 13, p. 459 ; v. aussi l'examen développé de la question par M. Bazille, conseiller à la Cour royale de Nismes, dans l'art. 2088 du *J. des not.*, année 1817, 1er sem.)

Au reste, l'obligation pour les notaires de conserver la minute des actes qu'ils reçoivent, ne s'applique qu'aux actes parfaits, à ceux qui sont revêtus de toutes les formes nécessaires pour valoir comme actes authentiques : quant à ceux demeurés imparfaits par quelque cause que ce soit, ils ne peuvent être considérés que comme de simples projets dont la conservation ne saurait être obligatoire pour le notaire. C'est ce qui a été jugé spécialement pour un acte demeuré imparfait par suite de défaut de signature par le notaire. (Bordeaux, 3 août 1841. S. 42 2.21.

Délivrance des grosses et expéditions. — Le notaire ne peut délivrer une seconde grosse, à peine de destitution, sans une ordonnance du Président du Tribunal de première instance, laquelle doit demeurer jointe à la minute. (L. 25 vent., art. 2.)

Cette sévérité de la loi est basée sur le danger qu'il y aurait pour le débiteur qui se serait libéré d'être exposé ultérieurement à des poursuites fâcheuses, et qui seraient de nature à porter atteinte à son crédit.

Indépendamment de la destitution, le notaire qui aurait contrevenu à cet article, serait-il passible des dommages-intérêts du débiteur ? Nous croyons qu'il faut décider l'affirmative, car la destitution est une peine publique, indépendante de l'action civile, laquelle peut toujours être exercée par la partie lésée (C. i. cr., art. 3); et c'est ce que suppose d'ailleurs l'article 6 de la loi organique du notariat, qui prononce cumulativement la destitution et des dommages-intérêts contre le notaire qui a instrumenté hors de son ressort.

Il pourrait arriver qu'un notaire délivrât la grosse d'un acte sur la minute duquel son prédécesseur aurait omis la mention exigée par la loi. Nous ne pensons pas qu'il fût soumis à une action en dommages, si d'ailleurs il était de bonne foi, et s'il ignorait la délivrance d'une première grosse.

Mais la responsabilité devrait atteindre le notaire prédécesseur, à qui la faute est imputable.

L'expédition est la copie littérale du titre ; elle doit être collationnée avec soin sur la minute, et ne contenir que ce qu'elle renferme. En cas d'erreur dans l'expédition, le notaire qui l'a délivrée peut-il être soumis à des dommages, si l'erreur a occasionné à la partie un préjudice quelconque ?

La question s'est présentée devant la Cour royale de Paris dans l'espèce suivante : la minute d'un cahier des charges, dressé pour régir l'adjudication de certains immeubles, prescrivait à l'adjudicataire d'une prairie l'obligation de construire un mur de six pieds non compris la fondation. Dans l'expédition, le notaire inséra par erreur que la hauteur du mur à construire devait être de six pieds, y compris chaperon et fondation ; des difficultés s'étant élevées sur la hauteur du mur entre les deux voisins, une transaction eut lieu ; mais ultérieurement l'adjudicataire de la prairie qui avait construit le mur conformément à l'expédition fautive, actionna le notaire en garantie à raison de l'erreur dommageable dans laquelle il avait été induit par la fausse énonciation portée dans l'expédition du cahier des charges.

28 avril 1829, jugement du Tribunal de la Seine, et 16 mars 1830, arrêt de la Cour royale de Paris, qui déchargent le notaire : « Attendu

que l'erreur d'énonciation insérée dans l'expédition du contrat n'est pas le résultat de la mauvaise foi, et que ladite erreur, en rapprochant la valeur de la sur-élévation du mur de clôture, de celle du fonds de l'immeuble, n'a pu influer sur les conventions des parties. »

Le pourvoi contre cet arrêt a été rejeté par la Cour de Cassation, le 19 janvier 1832, S. 32, 1.663, sur le fondement que la Cour de Paris, en se livrant à l'appréciation des faits et décidant que l'erreur du notaire n'avait exercé aucune influence sur la transaction, était restée dans la sphère de ses attributions, et n'avait violé aucune loi.

Cette décision, comme on le voit, n'a que la valeur d'une décision particulière, et ne peut être présentée, ainsi qu'on l'a fait comme statuant doctrinalement sur le principe de la question.

Dans une autre espèce, la Cour de Bourges, par arrêt du 28 août 1832, S. 34 2.38, a décidé que le notaire, qui dans l'expédition d'un acte attribue par erreur à cet acte une date autre que celle qui lui appartient, est responsable des conséquences que peut avoir pour la partie la fausseté de la date portée en l'expédition.

Mais cet arrêt présente une contradiction remarquable, signalée par les jurisconsultes qui l'ont recueilli. Le demandeur en garantie avait été réputé possesseur de mauvaise foi eu égard à la date d'un acte auquel il avait assisté, et qu'il n'avait pas pu ignorer, et comme tel soumis à une restitution de fruits ; d'autre part, l'erreur de date donnée à l'expédition ayant été aux yeux de la Cour, la cause de l'indue possession, le notaire qui l'avait commise avait été condamné à garantir la partie. Il est évident que le possesseur n'a pu être induit en erreur par l'expédition fautive, puisque la Cour reconnaissait d'un autre coté qu'ayant assisté à l'acte, il ne pouvait raisonnablement en ignorer la date.

Pour décider si l'erreur dans l'expédition d'un acte peut donner lieu à une action en responsabilité contre le notaire qui l'a commise, il semble rationnel de distinguer le préjudice par rapport à ceux qui ont été parties à l'acte, et par rapport aux tiers.

Les premiers ne peuvent ignorer ce qu'ils ont fait : ils ont toujours la faculté d'exiger la représentation de la minute pour s'assurer que l'expédition est conforme. (C. c., 1334. L. 25 vent., art. 23. Paris, 22 juillet 1809. S. 12 2.298.) Ils ont donc à s'imputer leur propre négligence.

Quant aux tiers, on ne peut leur adresser le même reproche, parce qu'ils sont obligés d'ajouter foi à l'expédition authentique qui leur est représentée. Ils peuvent donc avec plus de fondement exercer un recours contre l'officier public, dont l'erreur leur a été préjudiciable.

L'expédition d'un acte délivrée par le notaire, dépositaire de la minute, ne fait foi que par la présomption légale qui existe qu'elle est conforme à la minute, et par la possibilité qu'il y a de pouvoir, à volonté, en faire la vérification (arg. C. c., 1334); il en résulte évidemment qu'un notaire serait garant de l'exécution qui aurait été donnée à une expédition qu'il aurait délivrée, si la minute était restée imparfaite par le défaut de signatures de quelques-unes des parties. (Roll. de Vill., *Rép.* v° *Exp.*, n° 61.)

Ministère obligé des notaires. — Aux termes de l'article 3 de la loi du 25 ventôse, les notaires sont tenus de prêter leur ministère lorsqu'ils en sont requis. C'est une conséquence de leur qualité de fonctionnaires publics et d'officiers ministériels. Un refus de leur part, qui ne serait pas suffisamment motivé, pourrait les exposer aux dommages-intérêts des parties.

Il y a cependant des cas où sans engager leur responsabilité, ils peuvent et doivent même refuser leur ministère. L'excuse légitime peut provenir de trois causes :

1° D'une cause physique, elle doit être prouvée; (Roll. de Vill., *Rép.* v° *not.*, n° 251.)

2° D'une prohibition directe portée par la loi, ainsi :

Les notaires ne peuvent recevoir des actes dans
lesquels leurs parents ou alliés en ligne directe à
tous les degrés, et en collatérale jusqu'au degré
d'oncle ou de neveu inclusivement, seraient parties,
ou qui contiendraient quelque disposition en leur
faveur. (L. 25 ventôse art. 8.)

Ils doivent connaître les parties ou se faire
attester leur identité par deux témoins connus
d'eux. (*id.*, art. 11.)

Défenses sont faites aux notaires de recevoir
des actes, dans lesquels la contrainte par corps
serait stipulée en toutes autres matières que celles
où elle est expressément permise par la loi. (C. c.,
2063.)

Aucun notaire ne pourra passer acte de vente,
d'acquisition, d'échange, de cession ou transport,
de constitution de rente, de transaction au nom
d'un établissement ecclésiastique ou d'une commu-
nauté religieuse de femmes, s'il n'est justifié de
l'ordonnance royale portant autorisation de l'acte,
et qui devra y être entièrement insérée. (Ord. du
14 janvier 1831, art. 2.) etc., etc.

3º Des prohibitions indirectes résultant des lois
d'intérêt général ou d'ordre public, et de la nature
des fonctions notariales.

Ainsi, les notaires seraient fondés à refuser leur
ministère pour des actes prohibés par la loi, comme
contraires à l'ordre public et aux bonnes mœurs.

(L. 6 octobre 1791, t. 1, sect. 2, art. 6, §. 7, et C. c., 1133).

Il en serait de même de ceux qu'elle entache de nullité radicale. Recevoir de pareils actes, serait porter un espèce de défi à la loi et méconnaître orgueilleusement ses dispositions, alors qu'on n'est chargé que de les appliquer.

Ainsi encore, les notaires, chargés par la loi de donner aux actes qu'ils reçoivent le caractère authentique, doivent veiller à ce qu'ils réunissent toutes les conditions nécessaires à cet effet. Or, une des plus essentielles est sans contredit la capacité intellectuelle des contractants ; et le notaire qui s'aperçoit de l'état d'aliénation mentale ou du défaut de liberté d'esprit d'une partie qui se présente devant lui, peut refuser son ministère ; non pas que le notaire soit juge de la capacité, en ce sens que son attestation puisse faire preuve. Loin de là, et la jurisprudence est fixée aujourd'hui sur ce point qu'il est toujours loisible aux parties de prouver, spécialement en matière d'actes de dernière volonté, que le testateur n'avait pas la capacité intellectuelle suffisante, et cela sans recourir préliminairement à l'inscription de faux. Mais le notaire est juge en ce sens qu'il peut refuser de recevoir un acte pour celui qui ne lui paraît pas suffisamment libre d'esprit.

C'est ce qui a été jugé par arrêt de la Cour de

Bordeaux, du 8 août 1841. S. 42, 2.22 d'après les motifs suivants ;

« Attendu que pour s'obliger valablement par un acte quelconque, il faut être sain d'esprit, que cette nécessité s'applique encore plus spécialement aux donations entre-vifs et aux testaments (901 C. c.); —Attendu que les notaires sont, sans aucun doute, juges de la capacité et de l'état des facultés mentales de la personne qui a recours à leur ministère ; — que si aux termes de l'article 3 de la loi du 25 ventôse an XI, ils ne peuvent le refuser lorsqu'ils en sont requis, il faut aussi reconnaître qu'ils remplissent l'un des premiers devoirs de leur profession, soit en refusant leur concours, soit en s'abstenant de clore l'acte par leur signature, lorsque le testateur leur paraît atteint d'aliénation ou dans une position à ne pouvoir exprimer une volonté libre et spontanée. »

Enfin, les notaires peuvent refuser de recevoir des déclarations injurieuses contre les tiers. (Arrêt du Parlement de Bordeaux, du 5 fév. 1724.) En effet, les officiers publics ne sauraient jamais être tenus de se rendre complices d'un délit. (Massé, *Parf. not.*, l. 1, ch. 14. Roll. de Vill., *Rép.* v° *not.*, n° 263.)

Bien plus ; non-seulement ils peuvent dans ce cas refuser leur concours, mais ils s'exposent, en recevant de pareils actes, à une action en dommages de la part des tiers lésés par ces déclarations injurieuses.

Le 31 août 1840, Me Jouanjan, alors notaire à St-Malo, a reçu un acte en brevet, portant déclaration par la fille Dugué « que Me Picouays, avoué, accompagné de Me Filatre Longchamps et d'une troisième personne à elle connue, se seraient présentés une première fois à son domicile, pour l'engager à s'opposer à l'enlèvement des meubles qui s'y trouvaient, et lui proposer leur assistance dans une affaire que le sieur Briot aurait eu l'intention de lui intenter, laquelle ils auraient considérée comme très bonne : ajoutant qu'ils l'auraient invitée à se transporter à quatre heures et demie en l'étude dudit Me Picouays, pour conférer sur son affaire ; que depuis elle aurait également déclaré audit Maillard que ledit Me Picouays se serait encore présenté depuis cette époque, le soir à deux fois différentes, mais seul à son domicile pour la solliciter de nouveau à poursuivre cette affaire. »

Me Picouays, considérant ce fait comme de nature à porter atteinte à son honneur et à sa considération, a assigné Me Jouanjan devant le Tribunal civil de St-Malo, pour le faire condamner en des dommages-intérêts, faire ordonner la suppression de l'acte du 31 août et l'affiche du jugement avec dépens.

Le 26 juin 1841, jugement qui déboute Me

Picouays de ses conclusions, mais qui néanmoins considérant que Jouanjan avait agi avec imprudence et irréflexion, en recevant d'une personne sans garantie une déclaration concernant des tiers qui n'étaient pas présents, et qu'en cela au moins il avait commis une indiscrétion, le condamne aux dépens et aux retrait et signification du jugement.

Appel principal de la part de Me Picouays, qui conclut à ce qu'il lui soit adjugé une certaine somme à titre de dommages-intérêts, et à ce que l'arrêt à intervenir soit imprimé et affiché aux frais du sieur Jouanjan.

Appel incident de la part de Me Jouanjan, qui soutient que c'est à tort qu'il a été condamné aux dépens pour la prétendue indiscrétion qu'il aurait commise en recevant un acte qu'il était forcé, comme officier public, de recevoir dès-lors qu'il en était requis.

« La Cour considérant que la déclaration de la fille Dugué reçue par acte, au rapport de Jouanjan, notaire, du 31 août 1840, contient contre Picouays, avoué près le Tribunal civil de St-Malo, l'imputation de s'être rendu à diverses fois chez cette fille pour lui offrir l'assistance de son ministère, et la solliciter à intenter un procès pour se faire reconnaître femme légitime d'un sieur Briot de la Mallerie;

« Considérant que de pareils faits portent essentiellement atteinte à l'honneur et à la considération de l'officier ministériel auquel ils sont imputés, et constituent par conséquent une diffamation aux termes de l'article 13 de la loi du 17 mai 1819 ;

« Considérant, en effet, que s'il est du devoir de l'avoué de prêter son ministère aux personnes qui le réclament, lorsque la moralité de ces personnes et celle de la cause lui offrent toute garantie, il est contraire à la délicatesse et à l'honneur d'aller offrir son assistance pour fomenter des procès et porter ainsi le trouble dans les familles et dans la société; qu'une telle conduite, qui serait de la part de l'officier ministériel l'oubli de tous ses devoirs, ne saurait être justifiée, comme l'ont à tort décidé les premiers juges, soit à raison de l'état nécessiteux de la personne, soit à raison de la nature du procès à intenter ;

« Considérant que le notaire Jouanjan, en prêtant son ministère pour donner le caractère de l'authenticité à une déclaration renfermant l'imputation de faits diffamatoires contre Me Picouays, a commis une imprudence grave, qui, aux termes des articles 1382 et 1383 du Code civil, doit le soumettre à une réparation pour le préjudice souffert ;

» Considérant que, pour échapper à cette responsabilité, Jouanjan invoque en vain l'art. 3 de la loi du 25 ventôse an XI, portant que les notaires sont tenus de prêter leur ministère lorsqu'ils en sont requis , que cette disposition de loi, sainement entendue , ne saurait imposer à un notaire qui a le sentiment de ses devoirs, l'obligation de recevoir des actes injurieux et diffamatoires contre les tiers;

« Par ces motifs, infirme...— condamne Jouanjan à titre de dommages-intérêts , pour réparation du préjudice causé à Picouays, aux dépens tant de première instance que d'appel.... Vu l'art. 1036 C. proc. civ. , ordonne que le présent arrêt sera imprimé au nombre de cinquante exemplaires , pour être affiché à la requête de Picouays , dans l'arrondissement de St-Malo , et ce aux frais de Jouanjan, déboute l'intimé de son appel incident.»

Du 14 février 1842 , Cour roy. de Rennes , S. 42 , 2.395 ; v. à l'appui de cette doctrine l'arrêt du Parlement de Bordeaux, ci-dessus cité , rapporté par Denisart , v° *not.* , n° 18, et Dareau , *Traité des injures ,* pag. 62, n° 14.

Indépendamment des cas d'empêchement légitime , qui viennent d'être rappelés , les notaires peuvent encore refuser leur concours et leur signature à un acte , si les parties ne leur consignent pas d'avance le montant des droits d'enregistrement. En revêtant un acte de leur signature, ils contractent , en effet , l'obligation personnelle d'en acquitter les droits ; on ne peut leur imposer contre leur gré cette obligation. (Roll. de Vill. , *Rép.* v° *Enreg.,* n° 167 .)

Incompétence. — Aux termes de l'article 6 de la loi organique du notariat, il est défendu à tout notaire d'instrumenter hors de son ressort, à peine d'être suspendu de ses fonctions pendant trois mois, d'être destitué en cas de récidive et de tous dommages-intérêts.

L'infraction à cet article est la violation la plus répréhensible des devoirs légaux : elle constitue un abus de pouvoir d'autant plus coupable chez l'officier ministériel, que les limites de son ressort sont déterminées par l'ordonnance qui l'institue et qu'il ne peut les ignorer ; au point de vue de l'intérêt privé, un pareil abus est sans excuse, puisque celui qui s'en rend coupable expose sciemment les parties à faire un acte nul et inutile, et qu'une telle conduite a toujours un caractère de dol ou de fraude. Aussi la pénalité prononcée par l'article 6, est-elle applicable sans difficulté au cas, heureusement fort rare, qu'il prévoit.

Individualité des contractants. — Le nom, l'état et la demeure des parties devront être connus des notaires, ou leur être attestés dans l'acte par deux citoyens connus d'eux, ayant les mêmes qualités que celles requises pour être témoins instrumentaires. (L. 25 vent., art 11.)

Cette disposition n'est pas nouvelle. L'ordonnance de Blois de 1498, art. 65, et celle de

François 1er de 1535, art. 19, portaient aussi
que les notaires ne recevraient aucun contrat s'ils
ne connaissaient les personnes, ou si elles n'étaient
certifiées et témoignées être celles qui contrac-
taient, à peine de privation de leurs offices.

L'article 11 ne prononce aucune peine de dommages-intérêts en cas de contravention ; mais la
prescription qu'il renferme est tellement importante, elle a un rapport si intime avec l'authenticité, qu'elle a toujours été mise au nombre de
celles dont l'inobservation peut engager la responsabilité des notaires.

Tous les auteurs qui ont écrit sur la matière,
ont posé d'une manière certaine le principe de
cette responsabilité. (V. notam. *Dict. du not.* , v°
indiv., n° 9; Roll. de Vill., *Rép.* v°. *ind.*, n° 13;
Toullier, t. 8 n° 71; Augan, *Cours de not.*, p. 52.)

La jurisprudence n'est pas moins unanime sur
ce point. V. Cass. ch., req., 13 déc. 1810, S. 1811
1.237. — Toulouse, 19 déc. 1821. S. 22 2.138.
— Amiens, 24 juillet 1823, S. 24 2.267. Cass.
ch. civ., 17 mars 1828. S. 28 1.364.

Le principe de la responsabilité est absolu et
s'applique aussi bien aux actes synallagmatiques
qu'aux actes unilatéraux. M. Loret, dans ses *An-
nales du notariat*, avait proposé une distinction
entre ces deux natures d'actes, sur le fondement
que dans les premiers, les parties doivent s'assurer

respectivement de la capacité de ceux avec lesquels ils contractent , que dans les simples actes au contraire où une seule partie comparaît , les tiers ont pu être trompés par l'attestation du notaire. Mais cette distinction , qu'on ne trouve pas dans la loi n'a pas été suivie dans la doctrine , et elle a été repoussée par l'arrêt de la Cour d'Amiens , du 24 juillet 1823, ci-dessus cité. L'obligation imposée aux notaires , porte cet arrêt , est absolue et s'applique à toutes sortes de contrats synallagmatiques ou unilatéraux ; elle n'est pas seulement établie dans l'intérêt des tiers , mais elle est aussi destinée à garantir aux parties l'identité des individus avec lesquels elles contractent , en sorte que la responsabilité qui résulte de son inexécution par le notaire peut être invoquée par tous ceux qui souffrent quelque dommage.

Toutefois , la condamnation à des dommages-intérêts n'est pas tellement impérative , que les Tribunaux ne puissent décharger le notaire, selon les circonstances , et notamment dans le cas où le dommage éprouvé par le réclamant, n'a pas pour cause principale la négligence du notaire. Ainsi jugé par la Cour d'Angers, par arrêt du 19 janvier 1828, S. 28 2.108 , qui a confirmé un jugement du Tribunal civil du Mans , dont voici les motifs :

« Attendu que, d'après l'article 11 de la loi du 25 ventôse , un notaire ne doit rédiger aucun acte sans connaître ou se faire attester le nom, l'état et la demeure des parties, qui se présentent devant lui pour contracter ; que l'officier public qui néglige de remplir cette obligation, commet une faute grave, des suites de laquelle il peut être déclaré garant et responsable ; attendu néanmoins qu'il résulte des articles 1382 et 1383 du Code civil que cette responsabilité ne peut être prononcée que lorsqu'il est prouvé que la négligence du notaire est la cause sinon unique, au moins principale, du préjudice dont la réparation est poursuivie....»

La condamnation aux dommages ne saurait être encore prononcée, lorsque le réclamant a connu lui-même le faux par supposition de personne, et s'en est ainsi rendu le complice. La Cour royale de Montpellier, sur un renvoi de la Cour de cassation, a décidé en ce sens par arrêt rendu en audience solennelle, le 1er juillet 1829, S. 30 2.23.

« Attendu que d'après l'article 11 ;.....

«Attendu que le notaire Poitou, qui ne connaissait point la personne qui se présentait comme vendeur de la métairie de Mendagne, le 28 décembre 1813, aurait dû se conformer à ce que prescrivait la loi, pour s'assurer de l'individualité de ce vendeur, au lieu de se reposer, comme il le fit, sur la confiance que pouvait lui inspirer l'autre partie, qui se présentait pour le même acte ; qu'ainsi, il n'est pas douteux que si l'on faisait abstraction des circonstances de la cause, le notaire Poitou ou ses héritiers ne fussent tenus des dommages que sa négligence aurait pu occasionner aux enfants Dehocy;

« Mais attendu que toutes les circonstances démontrent que lorsque Dominique Dehocy, leur auteur, acquit de Barès, le 27 juillet 1816, ladite métairie de Mandagne, il était instruit du faux par supposition de personne, intervenu dans l'acte du 28 décembre 1813, et connaissait la nullité des droits de son vendeur, que dès-lors en contractant avec Barès nonobstant cette connaissance, il courut volontairement les chances qui pouvaient suivre le contrat, que le fait du notaire ne l'induisit à aucune erreur; et que lui ou ses héritiers sont par conséquent inadmissibles à réclamer des dommages à l'occasion d'une éviction, au danger de laquelle il consentit sciemment à s'exposer..... »

Le pourvoi contre cet arrêt a été rejeté par la Chambre des requêtes de la Cour de cassation, le 4 avril 1831. S. 31 1. 422.

Que faut-il décider dans le cas où l'individualité d'une partie a été certifiée au notaire par l'autre partie, comme cela se pratique quelquefois?

Il faut distinguer: vis-à-vis de celui qui a attesté l'individualité, il n'est pas douteux que le notaire ne fût à l'abri de toute responsabilité; et il lui serait toujours permis de prouver par témoins qu'effecti-

vement l'identité du contractant à lui inconnu lui
a été certifiée par l'autre contractant, et que c'est
ce qui l'a dispensé d'employer les précautions prescrites par la loi. (Arg^t. de l'arrêt de la C. de cass.,
du 17 mars 1828.)

Mais vis-à-vis des tiers, le notaire ne peut être
mis à couvert qu'en se conformant à la loi ; la
mesure tutélaire qu'elle prescrit a aussi pour but
de protéger les intérêts de ceux qui sont tenus
d'ajouter foi à un acte authentique, et peuvent en
faire la base de leurs conventions.

L'exécution de l'article 11 peut présenter quelque difficulté à l'égard des militaires et des étrangers, dont l'individualité ne peut être certifiée que
par des témoins le plus souvent étrangers au pays
et inconnus au notaire. On est dans l'usage, dans
ce cas, de faire comparaître deux officiers ou sous-
officiers pour attester l'individualité des militaires,
et de se faire représenter le passe-port de l'étranger et de ses témoins. Il serait difficile d'admettre
un recours en garantie contre le notaire qui aurait
usé de ces précautions, les seules qu'il pût raisonnablement employer, et nous ne voyons pas d'autre
moyen de concilier l'article 11 avec l'article 3, qui
oblige les notaires de prêter leur ministère lorsqu'ils
en sont requis. Il ne faut pas d'ailleurs, par une
interprétation trop rigoureuse, tourner la disposition protectrice de la loi contre les citoyens nom-

breux , que les besoins du commerce et de l'industrie, ou le plaisir des voyages éloignent si souvent
de leur domicile , en les mettant dans l'impossibilité
de faire dans les lieux de leurs migrations les actes
urgents nécessaires à la satisfaction de leurs intérêts
et à la conservation de leurs droits.

Au reste , l'obligation de connaître les noms des
contractants ne doit s'entendre que des noms
patronimiques et de famille et non pas des prénoms:
s'il n'en était pas ainsi , les fonctions des notaires
seraient devenues les plus dangereuses de toutes ;
elles seraient même impossibles le plus souvent :
car on ne connaît généralement que ce qui est
notoire, c'est-à-dire le nom patronomique , l'état
et la demeure; ce sont là les seuls caractères d'individualité résultant des rapports sociaux ordinaires , et la loi ne pouvait en exiger d'autres sans
violer à la fois la justice et la raison.

Cette doctrine a été définitivement consacrée par
un arrêt de la Cour de Douai , du 4 juillet 1821,
approuvé par la Cour de cassation, sect. des req.,
le 8 janv. 1823, D. 23 1.41, et confirmatif d'un
jugement du Tribunal de Montreuil , basé sur les
motifs suivants :

« Attendu que la loi sur l'organisation du notariat prescrit bien aux notaires d'insérer dans leurs
actes les noms, qualités et demeures des parties,
et quand ils ne les connaissent pas , de s'en faire

certifier l'identité par deux témoins bien connus d'eux; mais que cette précaution n'est ordonnée que pour les noms de famille et non pour les prénoms ; qu'à la vérité, la loi, par des dispositions postérieures, exige que les notaires relatent dans leurs actes les noms et prénons des contractants ; mais que rien n'indique qu'à l'égard des prénoms le notaire ne soit pas autorisé à s'en fier à la déclaration des parties ; autrement la loi aurait énoncé les précautions à prendre pour n'être pas trompé, puisqu'il est impossible de connaître les prénoms de tous les individus, et que même en se faisant réprésenter un acte de naissance, on est encore exposé à être induit en erreur par la supposition de l'acte d'un individu de même nom.....»

Si les témoins qui ont faussement attesté une individualité étaient frappés d'incapacité par la loi, le notaire serait-il responsable de cette incapacité?

M. Rolland de Villargues, qui pose cette question dans son *Répert.* v° *individ.*, la résout par l'affirmative. Comme le notaire, dit-il, qui demande la certification de l'individualité prend des précautions contre la partie qui se présente devant lui pour passer un acte, il semble qu'il doive s'assurer de la capacité des témoins, sans quoi ses précautions seraient illusoires. La loi veut qu'ils soient connus du notaire, et l'on ne peut conclure de là qu'il doit connaître la capacité qu'ils ont de servir de témoins.

Nous ne saurions admettre cette conclusion. La connaissance que le notaire doit avoir des témoins, a pour objet d'éviter une supposition de personnes, et de donner aux parties un recours utile en cas de fausse attestation ; mais elle ne peut s'appliquer comme celle des parties elles-mêmes, qu'à ce qui est notoire aux yeux de tous, et non à la capacité qui n'a aucun caractère extérieur. Les témoins certificateurs sont d'ailleurs du choix des contractants, qui seuls peuvent amener devant le notaire les personnes qui les connaissent ; il semble donc qu'il faut suivre pour eux, comme pour les témoins instrumentaires, le principe qui affranchit le notaire de toute responsabilité à raison de leur incapacité, et que nous aurons occasion d'examiner et de développer un peu plus loin.

Lorsqu'un notaire s'est conformé littéralement aux dispositions de l'article 11, il est déchargé d'une manière pleine et absolue de toute responsabilité, n'étant pas garant de la vérité des attestations. (Roll. de Vill., *Rép.* v⁰ *ind.*, n⁰ 16.)

Dans ce cas, les parties ont toujours un recours contre les témoins certificateurs, si l'attestation qu'ils ont donnée est fausse ou erronée.

Mais on se demande si le notaire pourrait exercer un pareil recours, lorsque sur la foi de l'attestation donnée dans un premier acte, il aurait négligé dans un acte subséquent de faire comparaître de nouveau les témoins certificateurs.

Il semble que le notaire peut, avec raison, rendre les témoins responsables d'une négligence dont ils sont la première cause. Il ne faut pas perdre de vue cependant que ceux-ci n'ont pas comparu dans le second acte, et qu'il serait rigoureux et injuste de leur en faire supporter les conséquences. Le notaire, pour échapper à la responsabilité, devait se conformer aux dispositions de l'article 11, qui exige la présence des témoins et leur attestation dans l'acte même; en négligeant les mesures prescrites par la loi, il s'est soumis à la garantie qu'elle prononce. Les témoins ne sont responsables que des conséquences immédiates de l'acte qu'ils ont signé; peut-être plus circonspects ou mieux renseignés, n'eussent-ils pas voulu persister dans une déclaration fautive ou erronée, et comment pourrait-on alors les soumettre à une action et à un recours qu'ils n'ont pas dû prévoir?

Tableau des interdits. — Le notaire tiendra exposé dans son étude un tableau sur lequel il inscrira les noms, prénoms, qualités et demeures des personnes qui, dans l'étendue du ressort où il peut exercer, sont interdites et assistées d'un conseil judiciaire, ainsi que la mention des jugements relatifs; le tout immédiatement après la notification qui en aura été faite, et à peine des dommages-intérêts des parties (art. 18).

L'application du principe de la responsabilité posé par cet article demande quelques développements.

Et d'abord quels sont les interdits dont le nom doit être porté sur le tableau ? D'après notre article, on doit inscrire toutes les personnes qui, dans l'étendue du ressort où les notaires peuvent exercer, sont interdites ou assistées d'un conseil judiciaire. Ce qui s'applique pour les notaires de première classe à toute l'étendue du ressort de la Cour royale ; pour ceux de la deuxième classe, à toute l'étendue du ressort du Tribunal de première instance, et pour ceux de troisième classe, à l'étendue du ressort de la Justice de paix. Mais on lit dans l'article 501 du Code civil : « Tout arrêt ou jugement, portant interdiction ou nomination d'un conseil, sera, à la diligence des demandeurs, levé, signifié à partie, et inscrit dans les dix jours sur les tableaux qui doivent être affichés dans la salle de l'auditoire et dans les études des notaires de l'*arrondissement.*» Cet article, comme on le voit, est restrictif pour les notaires de première classe et extensif pour ceux de la troisième ; ses dispositions sont reproduites dans le tarif du 16 janvier 1807, et il faut s'en tenir à son texte et ne porter sur le tableau que les interdictions prononcées par le Tribunal d'arrondissement. Ce sont les seules que les notaires puissent légalement connaître, puisque d'après l'article 92 du tarif, la notification des jugements portant interdiction ou nomination de conseil ne doit être faite qu'au secrétaire de la chambre des notaires de cet arrondissement.

A compter de quelle époque l'inscription doit-elle avoir lieu ?

D'après l'article 18 de la loi de ventôse, la notification des jugements d'interdiction et de nomination de conseil judiciaire devait être faite à chaque notaire individuellement, et c'était *immédiatement* après cette notification que l'inscription au tableau devait avoir lieu ; mais le décret de 1807 a modifié cette manière d'opérer. D'après l'article 92, le jugement d'interdiction ou de nomination de conseil ne sera point signifié aux notaires de l'arrondissement ; l'extrait en sera remis au secrétaire de leur chambre, qui en donnera récépissé et qui le communiquera à ses collègues, lesquels seront tenus d'en prendre note et de l'afficher dans leurs études.

L'article 175 ajoute : « Les notaires seront tenus de prendre à leur chambre de discipline, et de faire afficher dans leurs études l'extrait des jugements qui ont prononcé des interdictions contre des particuliers ou qui leur auront nommé des conseils, sans qu'il soit besoin de leur signifier les jugements. Il existe entre ces deux articles une différence assez sensible. D'après l'article 92, le secrétaire de la chambre doit communiquer l'extrait à ses collègues, et il semble rationnel que ceux-ci attendent cette communication, et ne soient soumis à aucune responsabilité jusqu'à ce qu'elle leur ait été faite.

L'article 175, au contraire, semble faire une obligation au notaire de prendre lui-même l'extrait à la chambre, et le rendre passible d'une action en dommages en cas de négligence préjudiciable aux parties ; mais il est difficile d'admettre cette dernière solution, et il paraît plus convenable de s'en tenir au texte de l'article 92. Comment, en effet, obliger les notaires de chaque arrondissement à se transporter chaque jour à leur chambre respective, pour vérifier s'il n'existe pas quelque extrait de jugement d'interdiction et en prendre note ; n'est-il pas plus logique, au contraire, que celui qui reçoit la communication la fasse connaître à ses collègues ? Il nous semble en conséquence que la responsabilité du notaire, à raison de sa négligence à cet égard, ne doit exister que du jour où l'extrait du jugement d'interdiction lui a été communiqué par le secrétaire de la chambre.

Quand l'inscription a eu lieu, le notaire est à l'abri de tout recours ultérieur, quoiqu'il ait passé un acte dans lequel a figuré un interdit. La question avai été agitée sous l'ancien droit, mais elle n'est plus douteuse aujourd'hui. L'obligation imposée par l'article 18 a été remplie. C'est aux parties à s'imputer de n'avoir pas consulté le tableau. On doit, en thèse générale, connaître la capacité de ceux avec lesquels on contracte. L'obligation imposée aux notaires a pour but de faciliter cette connaissance à la partie intéressée; mais ceux-ci ne sont pas tenus d'informer eux-mêmes les contractants. (Merlin , *Rép.* v° *interdits*, § 6; Toullier, n° 1372; Roll. de Vill. *Rép.* v° *tab. des int.*)

La responsabilité résultant de l'article 18 se présente rarement dans la pratique. L'application du principe offrirait des difficultés sérieuses, en cas de dénégation de la part du notaire inculpé ; car il serait souvent difficile de prouver que l'omission qui lui est reprochée existait au jour du contrat, si elle a été réparée depuis.

Communication des actes. — Les notaires ne peuvent donner connaissance des actes à d'autres qu'aux personnes intéressées en nom direct, héritiers ou ayant-droit, à peine de dommages-intérêts. (Art. 23.)

Cette disposition n'est pas nouvelle ; de tout temps la même prohibition a été faite aux notaires. Leurs actes doivent être secrets, et sous ce point de vue , leurs études ne sauraient être considérées comme des dépôts publics ; où chacun peut aller faire les recherches qui l'intéressent. La prohibition de l'article 23 doit s'étendre aussi à la communication orale ; mais là finit l'obligation légale dont l'infraction peut motiver une action en garantie.

Quant au devoir moral du secret, il s'étend bien plus loin, ainsi que nous le verrons en traitant des obligations morales.

Indépendamment des devoirs généraux spécialement prescrits par la loi organique du 25 ventôse an XI, il existe encore dans les divers Codes qui nous régissent, quelques obligations particulières, dont l'infraction peut engager, suivant les circonstances, la responsabilité des notaires. Nous allons les examiner séparément.

Représentation des absents. — Lorsque des personnes présumées absentes sont intéressées dans des inventaires, comptes, partages et liquidations, le Tribunal, à la requête de la partie la plus diligente, commet un notaire pour les représenter. (C. c., 113.)

Dans ce cas, si les intérêts de l'absent se trouvent compromis par la négligence ou la faute du notaire commis, celui-ci sera-t-il passible de dommages-intérêts ?

Il faut décider l'affirmative ; mais il importe de remarquer que ce n'est pas comme fonctionnaire public, en sa qualité de notaire, et par suite d'un manquement à un devoir essentiel de sa profession, que le notaire pourra être actionné dans ce cas, mais bien comme mandataire, et en vertu de l'action du mandat. (C. c., 1992.) Tel est, en effet, le caractère du notaire qui a été commis pour représenter un absent. C'est ce qui résulte de la nature des choses et de l'exposé des motifs du titre des absents. « Une loi de l'Assemblée constituante du 11 février 1791, dit M. Bigot-Préameneu, avait réglé que, s'il y avait lieu de faire des inventaires, comptes, partages et liquidations, dans lesquels se trouveraient intéressés des absents qui ne seraient défendus par aucun fondé de procuration, la partie la plus diligente s'adresserait au Tribunal compétent, qui commettrait d'office un notaire pour procéder à la confection de ces actes. L'absent lui-même n'eût pu choisir personne qui, plus qu'un notaire, fût en état de connaître et de défendre ses intérêts dans ce genre d'affaires ; une mesure aussi sage a été maintenue. » Ainsi, la loi a voulu ne pas laisser en souffrance les intérêts de l'absent, et réparer son omission en autorisant le juge à choisir un fondé de pouvoirs, tel que l'absent l'aurait choisi lui-même.

Il faut donc décider que le notaire commis devra répondre de sa faute, ainsi qu'un mandataire ordinaire, en vertu des dispositions de l'article 1992.

La responsabilité a été prononcée dans une espèce où le notaire commis, ayant omis de requérir dans un inventaire la cote et le paraphe d'un extrait d'inscription de rente sur l'état, cette rente avait été postérieurement vendue par l'usufruitier, au préjudice du présumé absent ou propriétaire d'une portion de la rente. (Arrêt de la Cour royale de Paris, du 7 novembre 1839, aff. Clairet. *Cont.*, 1840, art. 5798.)

Réquisition à faire au tuteur dans un inventaire. — L'article 451 du Code civil est ainsi conçu : « Dans les dix jours qui suivront celui de sa nomination dûment connue de lui, le tuteur requerra la levée des scellés s'ils ont été apposés, et fera procéder immédiatement à l'inventaire des biens du mineur en présence du subrogé-tuteur. S'il lui est dû quelque chose par le mineur, il devra le déclarer dans l'inventaire à peine de déchéance, et sur la réquisition que l'officier public sera tenu de lui en faire, et dont mention sera faite au procès-verbal. »

La déchéance prononcée par cet article n'est encourue par le tuteur, que lorsque la réquisition lui a été faite par le notaire qui préside à l'inventaire ; en cas d'omission de la formalité prescrite par la loi, le tuteur conserve donc tous ses droits pour les sommes qui peuvent lui être dues, il

6

n'éprouve aucun dommage, et le notaire qui a négligé de lui-faire la réquisition, ne saurait être tenu envers lui à aucune réparation civile. Il faut décider en conséquence que l'inaccomplissement du vœu de l'article 451 ne peut jamais engager la responsabilité du notaire. Telle est l'opinion de M. Rolland de Villargues, *Rép.* v° *invent.*, n° 238.

Expédition des contrats de mariage. — D'après l'article 1397 du Code civil, les notaires ne peuvent, à peine des dommages-intérêts des parties, délivrer ni grosses, ni expéditions d'un contrat de mariage, sans transcrire à la suite les changements qui y auraient été faits.

En permettant aux futurs époux de faire des changements et contre-lettres à leurs conventions matrimoniales, tant que le mariage n'est pas célébré, la loi, justement préoccupée des intérêts des tiers, a pris les précautions nécessaires pour que ces changements ne pussent leur être cachés, et leur être plus tard nuisibles. Les contrats de mariage peuvent influer, dans une foule de cas, sur la capacité civile et le crédit des époux, et il est très important pour les tiers que leur bonne foi ne soit pas surprise par des actes incomplets, qui ne feraient pas suffisamment connaître la position des époux.

Il semble d'abord que celui qui a produit l'expé-

dition de son contrat de mariage , sans faire connaître les changements qui ont été faits , est seul
coupable du préjudice causé aux tiers de bonne
foi , et doit être seul passible des dommages-intérêts. Cependant la loi a considéré que la négligence du notaire à remplir ses prescriptions , était
de nature à faciliter aux époux les moyens de
tromper les tiers , et que la contravention d'un
officier public était encore plus répréhensible ,
lorsqu'elle avait pour résultat d'aider la mauvaise
foi et d'encourager la fraude. « Ces dispositions,
disait M. Berlier dans l'exposé des motifs du titre 5,
ont eu pour objet d'empêcher des fraudes envers
les tiers. Le Gouvernement entre certainement
dans vos vues , toutes les fois qu'il enlève à la
mauvaise foi quelques-uns de ses nombreux asiles,
ou qu'il en rend l'accès plus difficile. » C'est dans
cette idée que le législateur a puni le notaire
comme complice de la mauvaise foi, par cela
seul qu'il l'avait rendu possible.

Les auteurs ne sont pas d'accord sur l'interprétation du mot, *parties*, employé dans l'article
1397. Toullier, t. 12, n° 68, décide que la contre-
lettre qui n'est pas transcrite à suite de l'expédition
du contrat, est nulle à l'égard des tiers, quoique
rédigée d'ailleurs à la suite de la minute du contrat de mariage , parce que vis-à-vis d'eux , il
est indifférent que cette dernière formalité ait été

remplie, s'ils n'en ont pas connaissance par l'expédition. Les tiers, n'éprouvant en conséquence aucun dommage, n'ont aucune action contre le notaire, qui demeure alors soumis au recours des parties proprement dites, de celles qui ont assisté à la rédaction de l'acte.

Delvincourt, t. 3, p. 6, Plasman, p. 78, et Duranton, t. 14, n° 69, pensent au contraire que la contre-lettre est suffisamment opposable aux tiers, si elle a été rédigée, conformément au vœu de la loi, à la suite de la minute du contrat de mariage ; mais que ceux-ci ont alors un recours utile contre le notaire qui ne l'a pas transcrite à suite de l'expédition de ce contrat.

Cette opinion est en tous points conforme aux principes et bien préférable à la première. Comment admettre, en effet, un recours de la part de ceux qui n'ont pu ignorer la contre-lettre, puisqu'ils l'ont souscrite, et qui ont eu la mauvaise foi de ne pas la faire connaître aux tiers ? Leur silence les condamne ; il a été la cause du préjudice, et s'il devient le fondement de l'action recursoire des tiers lésés, ils ne doivent s'en prendre qu'à eux-mêmes, et ne peuvent raisonnablement rendre le notaire responsable d'une faute qui leur est personnelle.

La responsabilité du notaire cesse dans le cas où l'expédition du contrat de mariage a été délivrée avant la passation de la contre-lettre, cela est évident ; aussi est-il prudent de ne pas délivrer d'expédition de ce genre avant la célébration civile du mariage. Toutefois, si cette expédition était demandée par l'une des parties, elle ne pourrait être refusée ; mais alors le notaire, pour se mettre à l'abri et lever tous les doutes ultérieurs, devrait mentionner sur son expédition la date de la délivrance ; cette date, rapprochée de celle de la contre-lettre, établirait parfaitement son innocence.

On ne pourrait encore faire aucun reproche au notaire dans le cas où la contre-lettre se trouvant, par la disposition des rôles, portée en entier sur une feuille intercalaire ou supplémentaire, aurait été détachée et dissimulée aux tiers. Cependant, pour éviter toute difficulté et remplir absolument le vœu de la loi, on agirait prudemment d'annoter la feuille sur laquelle est expédié le contrat primitif. Une pareille annotation ferait connaître suffisamment l'existence de la contre-lettre : elle pourrait même la suppléer, si elle en contenait une analyse sommaire.

Mais il est douteux que le notaire pût échapper à l'action en dommages-intérêts, s'il avait délivré simultanément, mais sur une feuille séparée, expédition du contrat de mariage et de la contre-lettre, laquelle aurait été cachée aux tiers intéressés à la connaître. Dans ce cas, a-t-on dit, la fraude est personnelle à la partie ; le notaire a pu n'être pas complice, on doit même le supposer.

Observez qu'en cas de dissimulation d'une contre-lettre, il y a toujours fraude de la part des époux, puisqu'ils ne pouvaient ignorer l'existence d'un acte souscrit par eux : cette considération n'a pas été de nature à désarmer la sévérité de la loi, et elle ne peut être un argument suffisant. La loi ne s'enquiert pas si le notaire est ou non complice de la fraude, comme elle fait, par exemple, dans le cas de l'article 68 du Code de commerce. Elle a voulu que les époux ne pussent avoir la possibilité de tromper les tiers, et toutes les fois que cette possibilité leur est donnée par le fait du notaire, soit que ce dernier ait négligé de transcrire la contre-lettre à la suite du contrat, soit qu'il l'ait expédiée séparément, la faute doit être la même aux yeux de la loi, si elle produit les mêmes résultats. Dans ce cas, n'avoir pas transcrit ou avoir mal transcrit, doivent être synonymes pour elle.

Dépôt des contrats de mariage des commerçants. — Le notaire qui a reçu le contrat de mariage d'un commerçant, est tenu d'en effectuer le dépôt par extrait aux greffes des Tribunaux de première instance et de commerce, et aux chambres de notaires et d'avoués du domicile de l'époux com-

merçant, sous peine de cent francs d'amende et
même de destitution et de responsabilité envers
les créanciers, s'il est prouvé que l'omission soit
la suite d'une collusion. (Cod. de com., art. 68.)

Il est à remarquer que cet article ne prononce
la responsabilité que sous condition, laquelle ne
peut admettre aucune excuse dans celui qui doit
être l'organe habituel de la délicatesse et de la
bonne foi ; il en résulte bien évidemment que
le législateur n'a pas voulu rendre les notaires
responsables, en thèse générale, des omissions ou
négligences qu'ils peuvent commettre dans les
nombreuses obligations de leur profession, mais
seulement dans les circonstances graves où ils se
rendent volontairement complices de la mauvaise
foi, et manquent aux devoirs essentiels de leur
état.

Copie des protêts. -- Enfin l'importance des protêts
en matière commerciale, et le désir qu'a eu le législateur de prendre tous les moyens en son pouvoir
pour en constater l'existence, ont fait admettre
la disposition de l'article 176 du Code de commerce, d'après laquelle les notaires et les huissiers
sont tenus, à peine de destitution, dépens, dommages-intérêts envers les parties, de laisser copie
exacte des protêts qu'ils signifient.

Cet article n'offre aucune difficulté, et n'a

donné lieu à aucun précédent judiciaire relativement aux notaires : il est d'ailleurs d'une rare application, ces officiers ministériels s'abstenant, dans la plus grande partie du territoire, de ces sortes d'actes extrajudiciaires, qui répugnent à la dignité et au caractère de leurs fonctions.

Enregistrement des actes. — Nous avons dit que le notaire, par le seul fait de la réception d'un acte, contractait l'obligation personnelle de le faire enregistrer, sans pouvoir opposer que les parties ne lui ont pas fait l'avance des droits. Un arrêt de la Cour de Nîmes, du 14 février 1813, S. 142.64, l'a ainsi décidé par les motifs suivants :

« Attendu qu'en principe général, le fait matériel d'un acte reçu par un notaire, est la charge spéciale, l'obligation personnelle du notaire recevant ; que seul propriétaire de la minute et ne pouvant s'en dessaisir, c'est à lui à donner à l'acte toute la perfection dont il est susceptible, le complément qui lui est nécessaire pour en faire un acte public ; — attendu qu'étant en son pouvoir, sous l'empire de toutes les lois, d'exiger au moment de l'acte et avant la signature de la partie, à la charge de laquelle le payement des frais a été stipulé, la consignation entre ses mains d'une somme suffisante pour y satisfaire, dès le moment que les parties se sont retirées de son étude sans faire cette consignation, il a assumé sur lui l'obligation d'en faire l'avance, etc. »

Ce principe s'applique sans difficulté aux actes parfaits, à ceux qui ont reçu leur complément par la signature du notaire. Mais que faut-il décider, lorsque la minute n'est pas signée par ce dernier ? Il y a une distinction à établir.

Si le notaire a prévenu les parties qu'à défaut par elles de consigner les droits d'enregistrement, il ne signerait pas l'acte, l'obligation de faire enregistrer cesse pour lui ; mais à défaut d'avis préalable, et s'il a laissé les parties dans la confiance que l'acte était parfait, il peut être déclaré responsable du préjudice qu'elles ont éprouvé par le défaut de signature et d'enregistrement. La Cour de Bourges l'a ainsi décidé dans un arrêt du 29 avril 1823, S. 24 2.34, ainsi conçu :

« Considérant que le notaire chargé de rédiger un acte est responsable envers les contractants des vices qui sont de son fait personnel ; que dans l'espèce, toutes les parties ayant signé sur la minute de l'acte de vente, moins une d'elles qui a déclaré ne le savoir, le notaire n'avait plus qu'à signer lui-même pour donner à l'acte toute sa perfection, et assurer ainsi le succès des conventions qui y sont exprimées; qu'en vain il allègue que sa signature l'aurait obligé à faire enregistrer et que les parties ne lui avaient remis aucun fonds pour cela ; qu'avant la rédaction, il pouvait se faire remettre l'argent nécessaire pour l'enregistrement ; mais qu'ayant rédigé l'acte, fait signer toutes les parties, indiqué même celle qui devait payer les frais d'enregistrement, il a pris sur lui l'obligation d'avancer l'enregistrement ; qu'ainsi, c'est par son fait personnel que l'acte n'a pas reçu sa perfection, et qu'il doit réparer le dommage dont il est cause ; que s'il en était autrement, les parties qui ne savent ni lire ni écrire, et qui ne restent point à la signature du notaire par l'effet d'une confiance très naturelle, seraient exposées aux pertes les plus graves et souvent irréparables et définitives, telles que dans les cas de contrats de mariage, etc... »

L'obligation, imposée aux notaires par l'article 42 de la loi du 22 frimaire an VII, fait partie des devoirs spéciaux de la profession, et nul doute que son inexécution ne soit de nature à les rendre responsables du préjudice qu'elle peut avoir occasionné aux parties. Mais quand y aura-t-il préjudice pour les parties par suite du défaut d'enregistrement des actes ?

Sous l'empire de la loi du 19 décembre 1790, le défaut d'enregistrement d'un acte notarié dans les délais prescrits avait pour résultat de le rendre nul comme acte public, et de ne lui donner que la

valeur d'un acte sous signature privée. (Art. 9.)
On conçoit combien ce résultat pouvait être préjudiciable aux parties, surtout quand il s'agissait
d'actes qu'il fallait nécessairement passer devant
notaires, et qui devenaient par suite radicalement
nuls: aussi la loi avait-elle déclaré que le notaire
serait responsable envers les parties des dommages
qui pouvaient résulter de l'omission.

Mais l'article 9 de la loi de 1790 a été abrogé
par la loi du 22 frimaire an VII, articles 33 et 73; en
conséquence, le défaut d'enregistrement d'un acte
notarié, dans les délais prescrits par la loi, n'ôte
pas à l'acte le caractère d'acte notarié et ne le fai^t
pas dégénérer en simple acte sous seing privé, si
d'ailleurs il est plus tard revêtu de cette formalité.
Le seul effet du défaut d'enregistrement dans les
délais est de soumettre le notaire à une amende.
(Bourges, 17 mai 1827, S. 29 2.109.)

Ainsi le défaut d'enregistrement ne sera que fort
rarement l'occasion d'un préjudice pour les parties,
cela ne pourrait à peu près arriver que dans le cas
où il aurait mis obstacle à la délivrance d'une
expédition, et empêché ou retardé une exécution
urgente.

Remarquez cependant que la partie doit s'imputer de n'avoir pas fourni au notaire les moyens de
faire enregistrer l'acte immédiatement après sa
réception, et qu'elle est la première coupable du

dommage qu'elle peut éprouver, surtout si le notaire est encore dans le délai de la loi. L'obligation
de faire l'avance des droits d'enregistrement étant
d'ailleurs plutôt dans l'intérêt du trésor que dans
celui des parties, celles-ci ne peuvent équitablement quereller un retard occasionné par leur
propre négligence.

Nous venons de parcourir le cercle des devoirs
principaux imposés aux notaires, et dont l'inobservation peut engager leur responsabilité.

Mais, hors de ces cas, il ne paraît pas qu'on doive
accueillir favorablement une action en dommages-
intérêts contre les notaires à raison de l'oubli de
quelques-unes de ces nombreuses formalités qui leur
sont prescrites, et qui ne tiennent pas à l'essence de
leurs fonctions : il serait trop rigoureux, en l'absence de dol ou de fraude, de leur faire supporter
dans cette hypothèse les suites d'une faute involontaire, et dont il est difficile de se prémunir entièrement dans le cours d'un long exercice.

Cependant la Cour de cassation, par arrêt du 14
mai 1822, S. 23 1.185, a cru devoir admettre que
les articles 68 et 14 de la loi du 25 ventôse an XI
n'ont pas attaché aux seuls cas de fraude et de dol
les dommages-intérêts, dont les notaires peuvent
être tenus vis-à-vis des parties pour lesquelles ils
rédigent des actes, mais qu'ils les ont fait dépendre
de l'omission de certaines formalités préjudiciables

à leurs clients, et que ces mots, *s'il y a lieu*, laissent aux Tribunaux *le pouvoir discrétionnaire* de
déclarer si ces dommages-intérêts doivent être prononcés ou refusés.

Sans s'écarter du respect qu'on doit à la Cour régulatrice, dont les décisions ont jeté d'ailleurs un
si grand jour sur la législation actuelle, il est permis de ne pas suivre cette interprétation. Le pouvoir
discrétionnaire accordé aux Tribunaux serait un
pouvoir arbitraire. Il n'y a de différence que dans
les mots. Or c'est précisément cet arbitraire que le
législateur a voulu éviter en autorisant les Tribunaux civils à prononcer la condamnation aux dommages-intérêts, et c'est ce qui résulte en termes
formels des expressions du rapporteur de la loi de
ventôse : « Le projet, disait M. Favard, défère aux
Tribunaux la connaissance...... des dommages-
intérêts auxquels les notaires se trouvent exposés
dans les cas prévus par la loi. Il n'était pas possible
de leur donner une sauvegarde plus rassurante
contre toute espèce d'arbitraire. » Or, où serait la
sauvegarde des notaires, si les Tribunaux avaient
en réalité le pouvoir de statuer arbitrairement sur
les questions de dommages-intérêts, et de ne suivre
pour règle, en cette matière si importante et si
délicate, que les inspirations du moment ? Il ne
faut pas oublier d'ailleurs que la responsabilité est
une peine, qu'on doit soigneusement restreindre

dans ses limites légales, et qu'on ne saurait étendre au-delà sans violer les premiers principes du droit.

La jurisprudence de la Cour de cassation, révélée par l'arrêt qui vient d'être cité et quelques autres qui seront examinés plus bas, ne saurait donc faire méconnaître l'esprit de la loi, et justifier quelques applications que les Cours royales ont cru devoir faire de ses principes.

Ainsi il a été jugé que lorsque, par suite du défaut de paraphe d'une inscription de rente sur l'État, inventoriée au décès d'une femme, le mari en a opéré le transfert au préjudice des héritiers, le notaire qui a présidé à l'inventaire peut être déclaré responsable. (Arrêt de la Cour de Paris, du 17 novembre 1839, *Cont.* 1840, p. 220.)

L'article 943, n° 6, Cod. de proc., qui prescrit au notaire de coter et parapher les papiers inventoriés, n'a pas attaché des dommages-intérêts à l'inobservation de cette formalité, et le notaire était d'autant plus excusable dans l'espèce, qu'il n'y avait pas oubli ou négligence, mais simple erreur de sa part, l'inventaire constatant que l'inscription n'avait été ni cotée ni paraphée *eu égard à sa nature.* L'usage étant, en effet, de ne pas coter et parapher les billets de banque ou de caisse publique et les effets au porteur, le notaire avait pu leur assimiler les inscriptions de rente sur l'État, dont les arrérages sont habituellement payés au porteur de l'extrait d'inscription,

Il a été jugé encore que le notaire qui, dans l'extrait d'un acte de société commerciale passé devant lui, et qu'il a délivré pour être publié en conformité de l'article 42 du Code de commerce, a omis d'énoncer certaines clauses de l'acte (notamment une clause relative à la signature sociale), est responsable des suites de cette omission, surtout lorsqu'il s'est officieusement chargé de remettre lui-même l'extrait au greffe du Tribunal de commerce. (Arrêt de la Cour de Douai, du 21 novembre 1840. S. 402.497.)

Le fait du notaire de s'être présenté officieusement pour effectuer le dépôt a pu influer sur la décision de la Cour, qui l'a considéré comme mandataire. Mais, en l'absence de ce fait et dans le silence des articles 42 et 44, il est difficile d'admettre que le notaire soit responsable de l'insuffisance d'un extrait d'acte de société : si l'on considère surtout que le dépôt n'est pas l'œuvre du notaire auquel la loi n'en fait pas une obligation spéciale comme pour les contrats de mariage, mais bien le fait des parties qui doivent s'assurer par elles-mêmes que l'extrait contient toutes les énonciations requises.

ARTICLE 2. — *De la nullité des actes.*

La nullité des actes est une des sources les plus fréquentes d'actions en garantie contre les notaires, et la seule à peu près dont les auteurs étrangers au notariat se soient occupés. Cependant, les nombreuses opinions doctrinales qui seront reproduites dans cet article, quoique se rapportant spécialement à la nullité des actes, doivent être étendues à tous les cas de responsabilité, au moins pour les principes généraux qu'elles renferment.

La question de savoir si les notaires devaient être responsables de la nullité de leurs actes, avait été, sous l'ancien droit résolue affirmativement, mais seulement lorsqu'il y avait dol ou fraude de la part du notaire, ou faute grave assimilable au dol. On leur avait appliqué la loi 1 D. *Si mensor fals. mod.*, ainsi conçue : « *Adversùs mensorem agrorum prætor in factum actionem proposuit, à quo falli nos non oportet. Nam interest nostra, ne fallamur in modi renuntiatione : si forte vel de finibus contentio sit, vel emptor scire velit, vel venditor, cujus modi ager veneat; ideò autem hanc actionem proposuit : quia non crediderunt veteres, inter talem personam locationem et conductionem esse : sed magis operam beneficii loco præberi; et id quod datur ei*

ad remunerandum dari ; et indè honorarium appel-
lari , si autem ex locato conducto fuerit actum dicen-
dum erit nec tenere intentionem. Hæc actio dolum
malum duntaxat exigit , visum est enim satis abun-
dèque coerceri mensorem , si dolus malus solus con-
veniatur ejus hominis , qui civiliter obligatus non est
proindè si imperitè versatus est, sibi imputare debet
qui eum adhibuit ; sed et si negligenter æquè mensor
secutus erit : lata culpa planè dolo comparabitur....
D. liv. 11 , tit. 6.

Cette loi parle de l'arpenteur, dont la profession
était beaucoup plus considérée chez les Romains
qu'elle ne l'est parmi nous. Le Préteur n'avait pas
cru qu'on pût agir contre lui par l'action du louage,
parce qu'il ne recevait pas un salaire proprement
dit, mais plutôt cette récompense honorable, ce
témoignage de reconnaissance que l'on donne à
celui qui excerce une profession libérale et qu'on
appelle honoraire. Alors il avait donné à la partie
lésée l'action *in factum,* mais seulement dans le
cas de dol. Car, dans le cas où il y avait simple
impéritie de sa part, la partie avait à se reprocher de l'avoir employé. Au reste, la faute grave
était en cette matière comparée au dol.

La loi 7 , § 4. D., même titre, assimilait le
tabulaire à l'arpenteur, et décidait que la même
action devait être accordée contre lui... Par suite,
on avait appliqué la loi 1 aux notaires, en les

7

confondant avec les tabulaires malgré la différence
des deux professions.

Quoi qu'il en soit, et indépendamment de cette
assimilation, les motifs insérés dans la loi 1, peuvent s'appliquer parfaitement aux notaires, et
c'était avec fondement qu'on en avait induit ce
principe : que les notaires ne doivent répondre de
la nullité de leurs actes, qu'en cas de dol ou de
faute grave assimilable au dol.

Mais il paraît que l'application de cette règle
donna lieu dans la pratique à des difficultés sérieuses. Comment prouver le dol ? Quand y avait-il
faute grave ? C'est ce qu'il était presque impossible
de décider d'une manière satisfaisante, et il advint
que pour éluder la difficulté, peut être aussi pour
réprimer quelques abus, on inséra incidemment
dans la déclaration du 29 septembre 1722, article 3, « que les notaires demeureraient responsables des dommages-intérêts que les parties pourraient souffrir par la nullité de leurs actes. »

Cependant, malgré cette disposition si formelle,
la vérité du principe était si bien sentie, la distinction qu'il établissait était si sage et si équitable, qu'elle triompha des termes de la déclaration.
C'est ainsi que Ferriere, dans son *Dictionnaire de
droit et de pratique*, v° *not.*, disait : « Les notaires
ne sont point responsables des nullités qu'ils ont
causées par impéritie dans les actes qu'ils ont

passés. Voyez Louet et son comm., lettre N, ch. 9;
et le commentateur d'Henrys, tom. 1, liv. 2,
ch. 4, quest. 27. A l'égard des dommages-intérêts
qu'ils auraient causés par dol ou par lourde faute
qui est en droit comparée au dol, ils sont toujours
tenus des dommages et intérêts causés par ce moyen
à l'un des contractants. »

Remarquez que cette opinion n'était pas seulement personnelle à l'auteur, mais l'expression
d'une décision généralement reçue, le dictionnaire
de Ferriere n'étant « qu'un précis des principes
généraux *les plus certains* sur chaque matière. »
(Avert. de l'éd. de 1762.)

La jurisprudence avait été constamment favorable aux notaires, ce qui est attesté par Jussieux
de Montuel dans son *Instruction facile sur les con-*
ventions, ouvrage essentiellement élémentaire, où
l'auteur a donné le résumé le plus clair et le plus
précis de la science à l'époque où il écrivait. (t. 8,
§ 3, p. 65 de l'éd. de 1762.)

Le même fait est attesté par Jullien, dans ses
Éléments de jurisprudence, liv. 2, tit. 7, n° 42,
p. 208, et la *Gazette des Tribunaux* (ancienne),
tom. 20, p. 118.)

Nos recherches particulières nous mettent à
même d'assurer qu'il existe un très grand nombre
d'arrêts en faveur du principe énoncé plus haut;
et quoiqu'on en trouve quelques-uns qui ont pro-

nôncé des dommages-intérêts hors des cas de dol ,
fraude ou faute grave , on peut dire sans crainte
que la presque unanimité de la jurisprudence
l'avait consacré formellement.

Tel était l'état de la législation et de la jurisprudence , quand parut la loi organique du notariat ,
du 25 ventôse an XI. Son article 68 est ainsi
conçu :

« Tout acte fait en contravention aux dispositions contenues aux articles 6 , 8 , 9 , 10 , 14,
20 , 52 , 64 , 65 , 66 et 67 , est nul s'il n'est
pas revêtu de la signature de toutes les parties ;
et lorsque l'acte sera revêtu de la signature de
toutes les parties contractantes , il ne vaudra que
comme écrit sous signature privée : sauf dans les
deux cas , *s'il y a lieu ,* les dommages-intérêts
contre le notaire contrevenant. »

Ces mots , *s'il y a lieu* , ont fait naître des
difficultés sérieuses et servi de texte à divers com-
mentaires.

Les uns ont pensé qu'ils devaient être entendus
en ce sens : s'il y a lieu à des dommages-intérêts,
c'est-à-dire s'il y a préjudice causé, et si l'action
est encore recevable : car la nullité peut n'être
pas toujours préjudiciable aux parties , ou le notaire a prescrit contre l'action en garantie.

D'autres ont pensé que par ces mots, s'il y a
lieu , le législateur avait voulu se reporter aux

articles qui prononcent les dommages-intérèts , l'article 6 par exemple.

Quelques auteurs ont admis une responsabilité générale et absolue , sauf quelques cas d'excuses laissés à l'appréciation des Tribunaux, et qui avaient été sous-entendus par les mots, s'il y a lieu. Ils ont ainsi fait une règle générale de la responsabilité, qui n'est cependant présentée, par la forme grammaticale de la phrase, que comme une exception.

Mais on a généralement expliqué ces mots, s'il y a lieu, par ceux-ci : s'il y a dol ou faute grave assimilable au dol. Cette interprétation est en effet la plus rationnelle, si l'on considère l'influence des principes sous lesquels ont écrit les législateurs de l'an XI ; la règle qui ne soumettait les notaires à la responsabilité qu'en cas de dol ou faute grave, était généralement reçue , et a dû se présenter naturellement à l'esprit des rédacteurs de la loi , quand ils ont écrit ces mots, s'il y a lieu. Si quelque doute pouvait exister à ce sujet, il s'effacerait devant leur déclaration insérée dans l'exposé des motifs : que pour tout ce qui concerne la rédaction des actes, ils n'ont fait que suivre les anciens principes ; et c'était la marche la plus sûre, en matière de responsabilité , pour concilier à la fois l'intérêt social et l'indulgence qui s'attache toujours à une faute involontaire.

C'est dans le même esprit que le législateur a décidé postérieurement toutes les questions analogues.

D'après l'article 71 C. pro. , si un exploit est déclaré nul par le fait de l'huissier, il pourra être condamné aux frais de l'exploit et de la procédure annulée, sans préjudice des dommages et intérêts de la partie, *suivant les circonstances*.

L'article 132 du même Code prononce contre les avoués et huissiers qui auront excédé les bornes de leur ministère, la condamnation aux dépens et même aux dommages-intérêts, *s'il y a lieu*.

Aux termes de l'article 1031, les procédures et les actes nuls ou frustratoires et les actes qui auront donné lieu à une condamnation d'amende, seront à la charge des officiers ministériels qui les auront faits, lesquels, *suivant l'exigence des cas*, seront en outre passibles des dommages-intérêts de la partie.

Les articles 164 , 271 du Code d'instruction criminelle reproduisent les mêmes expressions, s'il y a lieu. Or, dans la pensée du législateur, ces mots, *s'il y a lieu, suivant les circonstances, suivant l'exigence des cas,* ne peuvent exprimer que cette pensée : s'il y a dol ou faute grave, et si par conséquent la faute n'est pas excusable.

Tous les auteurs qui ont écrit sur le notariat ont admis, relativement à la garantie à exercer contre les notaires, cette interprétation équitable.

« Les peines, dit Massé, doivent être propor-
tionnées aux délits, et elles seraient hors de toute
proportion, si une simple inadvertance pouvait
entraîner une condamnation telle qu'elle dût ruiner
le notaire auquel elle serait échappée. On sent donc
que ces sortes de causes sont toujours un peu aban-
données à l'équité et à la concience des juges.
Aussi les dispositions de la loi, qui prescrivent des
formalités à peine de tous dommages-intérêts,
ajoutent ordinairement ces mots, s'il y a lieu : ce
qui peut s'entendre non-seulement si l'omission a
causé un dommage, mais encore s'il y a vérita-
blement lieu d'appliquer la peine. » (*Parfait notaire*,
chap. 17.)

Les notaires sont-ils responsables de la nullité
de leurs actes, dit Delmas de Terregaye ? Cette
question a toujours été résolue négativement tant
sous l'ancienne que sous la nouvelle législation,
excepté dans les cas heureusement fort rares, où
ces nullités paraissent être l'ouvrage du dol ou de
ces fautes grossières qui décèlent la mauvaise foi.
(*Science notariale*, v° *Resp.*)

La responsabilité doit être renfermée dans de
justes bornes ; on pense en général que les notaires doivent répondre de leurs contraventions à
ce que la loi leur prescrit expressément, soit pour le
fonds, soit pour la forme des actes. Si l'on voulait
dépasser ces limites, la garantie accordée contre eux

n'aurait plus de terme. Cet état serait abandonné par le danger inévitable qu'il y aurait à l'exercer. (*Nouveau Manuel des notaires*, 1822, p. 93.)

Les dommages-intérêts ne doivent être prononcés contre les notaires, disent les auteurs du *Dictionnaire du notariat*, que s'il y a lieu , c'est-à-dire suivant l'exigence , et si (apparemment comme dans l'ancienne jurisprudence) la faute décèle la mauvaise foi ou le dol , et ne vient pas seulement de la faiblesse et de l'imperfection de la nature humaine. (*V° Resp.*, n° 2.)

L'exercice des fonctions publiques doit mettre celui qui en est revêtu à l'abri des soupçons et des chicanes, dont on peut être, au contraire , impunément prodigue envers de simples particuliers...... Aussi a-t-on toujours pensé que les dommages-intérêts, réclamés contre un notaire, doivent en général avoir pour fondement ou le dol ou la faute lourde que les lois comparent au dol. » (*Rép.* de Roll. de Vill., v° *Resp.*, nos 7 et 8.)

En dehors du notariat, quelques auteurs ont voulu que la responsabilité fût générale et absolue, sauf quelques cas d'excuse laissés à la sagesse des Tribunaux, et que la loi sous-entend par ces mots, s'il y a lieu. Nous citerons en premier lieu le savant professeur de Rennes , M. Toullier, dont il fallait toute l'autorité pour donner quelque valeur à cette doctrine.

« Il n'y a point, dit-il , d'imprudence plus carac-
térisée et moins excusable, que de s'engager à
faire des actes d'où dépendent le repos et la fortune
des familles , sans avoir les connaissances de son
état, sans être doué de la présence d'esprit nécessaire pour observer les formes prescrites. (*Droit
civ. franç.*, t. 5.)

« Nous pensons également, dit Dalloz aîné, que
l'impéritie du notaire ne peut jamais l'excuser.
Avant d'accepter les fonctions du notariat, il doit
peser les obligations qu'elles lui imposent, et se
soumettre à la responsabilité des fautes qui peuvent
lui échapper.» (*Jur. gén.*, t. 5, v° *Disp. entr. et test.*)

Sans doute, l'ignorance des choses qu'on doit
savoir dans l'exercice d'une profession ne peut
être une excuse. Mais pourquoi supposer que
c'est par ignorance plutôt que par inadvertance
qu'une nullité a été commise ? Le notaire, avant
son installation, est soumis à des épreuves préliminaires, la loi l'oblige à un stage et à la production d'un certificat de capacité ; et une fois investi
de ses fonctions, une présomption légale de savoir
doit le protéger jusqu'à preuve bien évidente du
contraire. N'arrive-t-il pas le plus souvent qu'une
formalité omise dans un acte a été régulièrement
observée antérieurement, et peut-on dire alors que
l'omission est le résultat de l'impéritie ? Il suffit
d'avoir l'expérience de la pratique notariale pour

reconnaître qu'au milieu des préoccupations d'une affaire, des discussions, des explications et des interruptions des parties, il est toujours possible de commettre quelques erreurs ou omissions involontaires ; et s'il fallait, avant d'aborder les fonctions de notaire, se promettre cette présence d'esprit que réclame Toullier, quel serait l'homme assez sûr de lui, disons le mot, assez audacieux pour compter sur son infaillibilité, et cependant on voudrait le placer entre cette alternative et celle de voir son existence à chaque instant compromise par la plus légère erreur ? Aussi, faut-il se garder d'accepter l'opinion de certains auteurs, qui ont prétendu servir la cause du notariat en le soumettant à une responsabilité illimitée.

« Concluons donc, dit M. Perrin, sans égard pour le vain fantôme de quelques arrêts, que les notaires sont responsables des nullités et des fautes qu'ils commettent. En adoptant cette opinion, nous croyons non-seulement servir la cause des lois et des principes, assurer l'exécution des contrats et la volonté des mourants, prévenir le renversement des fortunes, et tarir une source féconde de procès, mais encore rehausser l'état de notaire. Osons le dire, cette profession si essentielle qu'elle tient à l'existence de la société n'a pas obtenu toute la considération qu'elle méritait. Qu'on lui impose une garantie rigoureuse, qu'on lui montre des principes inflexibles , qui menacent à la fois leur réputation et leur fortune , et qu'on éloigne de cette carrière les incapables , on verra la belle et respectable profession du notariat reprendre tout le lustre qui lui appartient.....»(*Traité des nullités en matière civile.*)

C'est traiter un peu légèrement , il faut en convenir, sous le nom de vain fantôme de quelques arrêts , une jurisprudence à peu près unanime et imposante par le nombre et l'importance des décisions rendues sur la matière. C'est ensuite singulièrement favoriser une institution que de la rendre tellement périlleuse, que les imprudents seuls puissent l'aborder, et surtout de comparer, comme le fait l'auteur, quelques lignes plus haut que le passage cité , le travail du notaire, quant à la forme des actes , à une opération purement manuelle. Défions-nous de cette logique rigoureuse , de ces principes inflexibles qui dans le droit, comme dans toutes les sciences sociales, entraînent souvent bien au-delà de la justice et de la vérité. Il importe surtout dans une matière aussi délicate de ne consulter qu'une sage équité , et c'est ce qu'a fait la grande majorité des auteurs.

« Ce n'est pas , dit Grenier, qu'on admette en justice une action en garantie contre un notaire à raison des nullités commises dans les actes dont il a été le ministre. *Errare humanum est.* Furgole , *des Testaments*, ch. 12, n° 15, cite les auteurs qui rapportent des arrêts qui l'ont ainsi jugé. Il n'y a de responsabilité civile que pour les pertes de minutes, les infidélités dans les dépôts, et enfin pour tout ce qui ne serait pas erreur, mais bien prévarication. Mais un notaire délicat et soigneux de sa réputation doit être vraiment affligé, lorsque par un défaut d'attention ou par ignorance, il frustre les espérances de ceux qui étaient appelés à recueillir des dispositions.» (*Traité des don. et test.*, t. 1, n° 232.) C'est, en effet, dans ce sentiment intérieur qu'est la peine d'un notaire probe et délicat, et ces reproches incessants d'une conscience honnête et pure sont la plus sûre garantie que puissent trouver les parties.

« Ces pénalités, dit Biret, après avoir parlé de celles qui atteignent les officiers ministériels attachés aux Tribunaux, ne s'appliquent cependant pas aux notaires, qui sont considérés comme les ministres de paix des parties. Mais ils sont responsables des nullités qu'ils commettent par fraude ou prévarication et même par ignorance grossière équipollente à dol.» (*Traité des nullités*, t. 1, p. 36.)

« Les Tribunaux, dit M. Duranton, ne doivent déclarer le notaire responsable, qu'autant que la faute par eux commise est d'une nature grave. Les Tribunaux ont à cet égard un pouvoir discrétionnaire qui leur est attribué par la loi elle-même

en ces termes, s'il y a lieu. On sent, en effet,
combien il eût été rigoureux, pour une faute d'attention, une simple négligence ou un oubli, de
soumettre un officier public à une responsabilité
absolue, qui souvent aurait pu consommer sa
ruine. Sans doute, en principe tout fait quelconque de l'homme qui cause à autrui un dommage,
oblige celui par la faute duquel il est arrivé, à le
réparer. Nous ajouterons même qu'il est de principe aussi, que celui qui exerce une profession,
est censé promettre une habileté suffisante pour
l'exercer comme il faut. *Is qui profitetur artem,*
profiscici quoque peritiam censetur. Mais l'application de ces mêmes principes doit se faire avec
sagesse et humanité, tel est le vœu du législateur.
Les fonctions du notaire seraient par trop péril-
leuses, si ces officiers publics devaient être responsables dans tous les cas de la nullité de leurs
actes, et la raison eut alors demandé qu'ils pussent
stipuler des honoraires en conséquence, et même
en quelque sorte une prime d'assurance. Mais telle
n'est pas la pensée de la loi; elle les rend, il est
vrai, responsables, mais s'il y a lieu, comme
sous une condition, laissant ainsi aux Tribunaux
le soin de voir si le cas s'est réalisé. Ses dispositions à cet égard sont pleines de sagesse, surtout
dans une législation qui ne rend point les juges
responsables des suites de leur jugement, quand

ce n'est que par impéritie qu'ils les ont rendus,
quoique ce fût contre le texte formel des lois. »
(*Cours de droit franç.*, t. 9, 148.)

« Il ne suffit pas, dit M. Solon, que le notaire
ait fait un acte nul, pour que les juges doivent le
condamner à garantir les parties des suites de la
nullité ; il faut que l'omission soit grave, que l'erreur soit grossière, qu'en un mot le notaire ait
négligé ce qu'en général on n'aurait pas négligé,
quia non intelligit quod omnes intelligunt. Il faut
plus encore, il faut que les juges puisent des motifs de décider dans les circonstances ; ils doivent
distinguer les nullités résultant de simples omissions de celles qui résultent de contraventions
actives et patentes. La première peut être le résultat d'une erreur, et comme l'erreur involontaire
elle doit être excusée, *errare humanum est.* La
seconde au contraire met en quelque sorte le notaire en état de rébellion contre le législateur, et
c'est une désobéissance formelle à la volonté de
la loi. » (*Théorie de la nullité,* t. 2, p. 202) (1).

_____

(1) Nous renvoyons le lecteur à cet important ouvrage, dans lequel M. Solon a traité avec beaucoup de
lumière et d'impartialité la question de la responsabilité
des notaires. C'est le seul traité étranger au notariat,
où ce sujet ait reçu un développement convenable, et
le travail consciencieux de l'auteur nous a été d'une
grande utilité.

Ainsi, la responsabilité ne saurait être générale et absolue, et la nullité n'entraîne l'action en garantie que lorsque la faute est grossière, la contravention inexcusable. Mais l'application du principe est encore subordonnée à une distinction rationnelle des nullités qui peuvent vicier un acte, et il est aisé de comprendre qu'il s'applique seulement aux nullités, qui sont le fait propre du notaire, et non à celles qui lui sont communes avec les parties.

Or, les actes notariés peuvent être nuls relativement aux personnes qui les souscrivent, ou relativement à leur rédaction.

Relativement aux personnes, les nullités proviennent de l'incapacité qui peut atteindre, soit les parties elles-mêmes, soit les témoins.

Quant aux parties, il est de principe que chacun doit connaître la capacité de celui avec lequel il contracte : *nemo debet esse ignarus conditionis ejus cum quo contrahit.* Ainsi l'erreur sur cette capacité doit être seule imputée aux contractants, et ne peut raisonnablement engager la responsabilité du notaire, rédacteur de l'acte. La loi ne lui impose que l'obligation de s'assurer de l'individualité des parties ; et cette obligation est déjà assez grave, pour ne pas y ajouter encore une nouvelle exigence, qui dans le plus grand nombre de cas rendrait son ministère impossible. Il existe sur ce sujet un

arrêt de la Cour d'Alger, du 17 avril 1833 , S. 33·
2.620.

« La Cour , attendu que les notaires sont
établis pour recevoir tous les actes et contrats
auxquels les parties doivent ou veulent faire donner le caractère d'authenticité attaché aux actes
de l'autorité publique ; que le législateur n'a pas
fait de distinction ni voulu en aucune manière
rendre le notaire juge de la validité des actes qu'il
doit passer ; que cependant les devoirs de la magistrature que remplit le notaire lui imposent des
obligations ; que dans le nombre de celles-ci est
sans doute celle de refuser son ministère aux
parties qui ne justifient pas de leur qualité , ou
qui sont , par la notoriété publique , incapables
de contracter ; mais que le manquement à ce devoir
ne pourrait donner lieu qu'à une censure de la
Chambre de discipline : qu'au cas dont il s'agit,
Guertin , s'il n'a connu par la notoriété publique
la révocation de procuration de Joly, et son défaut
de capacité pour contracter comme mandant de la
faillite Berbery, a pu et dû croire que les parties
avaient devers elles les moyens de faire valider les
actes auxquels il a prêté un ministère demandé ,
que dès-lors Cappé n'est pas recevable dans sa
demande reconventionnelle , que tout au plus et
peut-être il pourrait y avoir lieu à une censure de
M. Guertin par les magistrats compétents : déboute

Cappé de sa demande reconventionnelle contre Guertin en dommages-intérêts , etc. »

Nous avons vu que les notaires ne sont pas responsables de la nullité des actes souscrits par un interdit, quand ils ont affiché dans leurs études le tableau prescrit par la loi , non plus que de la capacité d'un donateur ou testateur.

Mais sont-ils responsables de l'incapacité des témoins? En d'autres termes sont-ils tenus de s'assurer par eux-mêmes de la capacité des témoins qui comparaissent dans leurs actes?

L'article 12 de la loi du 25 ventôse an XI prescrit aux notaires d'énoncer les noms et demeure des témoins instrumentaires. En comparant cet article avec le précédent qui parle des témoins certificateurs , il est facile de remarquer une différence notable dans leur rédaction.

Pour les témoins certificateurs, la loi exige qu'ils soient connus du notaire ; ils doivent, en effet , suppléer par leur attestation à la connaissance des parties que le notaire n'a pas personnellement, et il faut que ce dernier les connaisse suffisamment pour savoir s'ils méritent quelque confiance , et si leur déclaration peut remplacer la connaissance personnelle qu'il aurait dû avoir des parties contractantes , et qui est un des premiers fondements de l'authenticité de l'acte.

Les témoins instrumentaires n'ont pas la même

8

importance ; ce ne sont que de simples assistants ,
dont la présence réelle n'est pas même exigée en
thèse générale : aussi la loi ne demande pas qu'ils
soient connus du notaire. Et tandis que les témoins
certificateurs sont le choix du notaire qui doit les
connaître et s'assurer qu'ils ont les qualités requises,
les témoins instrumentaires sont le choix des parties , qui ne doivent s'imputer qu'à elles-mêmes le
tort de les avoir choisis. Ce qui est vrai en principe
général , l'est surtout en matière de testaments.
Là , en effet , le testateur voulant le plus souvent
tenir ses dispositions cachées , s'entoure de témoins
surs et discrets , choisis par lui-même et la plupart
du temps inconnus au notaire. Et comment alors
exiger que celui-ci réponde de ces incapacités
cachées , qui peuvent les frapper à son insçu ?
Faudra-t-il chaque fois ouvrir une enquête sur leur
compte , ou leur faire subir un interrogatoire sur
faits et articles ? Suffira-t-il de la capacité putative,
comme l'ont jugé quelques Tribunaux , ou faudra-
t-il la capacité réelle ? Disons-le donc , sous peine
d'être exposé à un arbitraire effrayant , les notaires
ne peuvent répondre de l'incapacité des témoins.

Il faut excepter néanmoins les cas où ils ont pu
connaître légalement cette incapacité. Si, par
exemple, les témoins étaient leurs parents ou alliés
au degré prohibé, leurs clercs ou leurs serviteurs ,
dans ce cas, les notaires, contrevenant formellement

aux dispositions de l'article 10 de la loi de ventôse, seraient sans excuse valable. Mais hors ces cas exceptionnels, l'opinion qui affranchit les notaires est la seule admissible : toute autre décision, dit M. Solon, nous paraît injuste, illégale et par cela même inadmissible. C'est aussi l'opinion de M. Vazeilles, *des don.*, sur l'article 1001.

Il a été rendu dans ce sens un arrêt de la Cour de Trèves, du 18 novembre 1812, S. 13 2.366; un autre de la Cour de Riom, du 28 juillet 1829, S. 29 2.317; et un arrêt de la Cour de Toulouse, du 23 juillet 1838 (*Cont.*, année 1838, p. 305), qui statue sur une incapacité relative ou accidentelle; voici quelques considérants de cet arrêt énonçant des principes généralement applicables.

« ..... Si l'article 11 exige, en effet, que les notaires connaissent le nom, l'état et la demeure des parties qui contractent devant eux, il ne leur impose point la même obligation relativement aux témoins ; ceux-ci demeurent donc en dehors des investigations auxquelles le notaire est astreint sous peine d'engager sa responsabilité, et dès-lors s'il ne peut pas les connaître, il faut nécessairement en conclure que les contractants doivent eux-mêmes les appeler. Si ces principes doivent servir de règle pour les contrats ordinaires, leur application est encore bien plus immédiate en matière de testament : les textes les plus explicites du droit romain, comme les dispositions les plus formelles du Code civil, ne laissent aucune incertitude sur ce point : il résulte, en effet, soit de la loi 21 D. *qui testam. fac. poss.*, soit de la loi *hâc consultissimâ* C. *testam.*, que les témoins devaient être *expressément appelés* pour être présents aux testaments, et cette vocation ne pouvait être que le fait du testateur, puisque, indépendamment de ce que les officiers publics n'étaient point institués pour recevoir ces sortes d'actes, ils pouvaient être écrits non-seulement par le testateur lui-même, mais encore par des femmes, des impubères, et même des esclaves. (Voy. au D. les lois 6 et 15 *de leg. cor. de falsis*, et 28 *qui testam. fac. poss......*) Les articles 971 et 972 du Code civil, en exigeant que le testateur dicte en présence de quatre témoins ses dispositions au notaire, et en constituant par ce fait, celui-ci plutôt l'instrument que le ministre de ses volontés, présupposent nécessairement que les témoins ont été appelés par le testateur lui-même ; ces témoins, en effet, devant d'un côté assister à toutes les dispositions, leur présence auprès du testateur semble devoir précéder celle du notaire ; et d'un autre côté, comment celui-ci, qui ignore les dispositions qu'il est appelé à constater, pourrait-il les amener lui-même, alors que la nature de ces dispositions et la qualité de légataires pourraient à chaque instant les frapper d'incapacité ? Donc , si cette incapacité se révèle par rapport à quelques-uns d'entre eux, elle émane du testateur et non du notaire ; donc , d'après les principes de droit , celui-ci ne saurait en être le garant. »

Cependant malgré la force de ces raisons , la Cour de cassation , par un arrêt du 15 janvier 1835, S. 35 1.535, a cru devoir admettre une doctrine contraire.

« Attendu , sur le moyen unique proposé contre l'arrêt dénoncé , résultant de la violation et fausse application de l'article 68 de la loi du 25 ventôse an XI, et des articles 1382 et 1383 du Code civil; — Attendu que les notaires doivent s'assurer de la capacité des témoins qui sont appelés en cette qualité au testament..... »

La Cour fait ici une pétition de principes en décidant précédemment ce qui est en question ; elle ne cite d'ailleurs aucun texte qui appuie sa décision , et il est à croire qu'elle s'est laissée influencer par ce considérant de l'arrêt attaqué, que le notaire avait connu *en fait* l'incapacité du témoin.

Mais, dans le cas où cette incapacité n'a pu être légalement connue , il serait souverainement injuste d'en rendre le notaire responsable. Aussi ne saurait-on admettre sans critique un arrêt de la Cour de Limoges, du 22 janvier 1838, rapporté

dans le *Contrôleur*, année 1838, p. 217. L'incapacité résultait dans l'espèce de cet arrêt de la condamnation précédente d'un témoin à la réclusion:
la Cour, adoptant les motifs des premiers juges, a
tiré argument de ce que l'acte avait été reçu au
milieu d'une ville populeuse, dans le quartier même
habité par le notaire, et dans les lieux où le témoin incapable avait été frappé d'une condamnation infamante publiée et affichée. — A la vérité
le notaire avait bien pu ne pas connaître cette condamnation, mais il a eu tort de ne pas prendre des
informations, etc., etc.

Mais n'est-il pas évident que, par cela même
qu'on se trouvait dans une ville populeuse, la condamnation avait dû passer plus facilement inaper-
çue, et qu'on ne peut sans une exigence arbitraire,
obliger les notaires à ces investigations difficiles
qu'aucune loi ne leur prescrit?

Au reste, ce que la décision de la Cour de cassation a de trop rigoureux et de trop absolu, a été
senti par les Cours royales, et elles ont décidé
postérieurement que le notaire, qui avait pris les
précautions nécessaires pour s'assurer de la capacité des témoins, n'était passible d'aucune faute,
et devait être, par conséquent, à l'abri de toute
responsabilité.

On peut voir à ce sujet un arrêt de la Cour de
Douai, du 12 juillet 1838, S. 39 2.256, par

lequel la Cour a admis en principe qu'un notaire peut prouver que le fait qui lui est reproché ne provient ni de sa négligence ni de son imprudence, et a autorisé, en conséquence, le notaire actionné dans la cause à établir qu'il n'avait rien négligé pour s'assurer que les témoins n'étaient ni parents, ni alliés des légataires repris au testament dont il s'agissait dans l'espèce.

La Cour de Lyon, dans un arrêt du 3 janvier 1842, S. 42 2.273, a rendu un notaire responsable de la nullité d'un testament résultant de sa parenté avec l'un des légataires, parce qu'il avait omis d'interpeller le témoin sur l'existence de cette parenté.

Il est, en effet, très prudent pour les notaires de faire cette interpellation, mais ils n'y sont pas légalement obligés, et il serait difficile d'admettre que leur négligence à cet égard pût engager leur responsabilité civile. Il leur serait d'ailleurs assez souvent difficile d'établir qu'ils ont réellement interpellé les témoins produits dans leurs actes, alors surtout que quelques-uns d'entre eux n'existent plus, ou ont perdu le souvenir de tout ce qui s'est passé. Et dès-lors, pour se mettre à l'abri de tout recours, il faudrait mentionner cette circonstance dans l'acte; ce serait les astreindre à une formalité dont la loi n'a pas parlé, lorsque d'ailleurs celles qu'elle prescrit sont déjà si nombreuses. Rien n'empêche cependant d'insérer cette mention dans l'acte pour se conformer aux exigences des Tribunaux, et obtenir ainsi quelque sécurité.

Quant à la rédaction des actes, il faut distinguer ce qui tient au fond du droit, à la substance meme de la convention, et ce qui appartient simplement à la forme extérieure de l'acte.

Les nullités qui tiennent au fond du droit n'ont jamais été imputés aux notaires ; on les a considérées comme étant communes aux parties, qui n'ont dès-lors aucun recours pour une faute qui leur est personnelle. La doctrine est unanime sur ce point, et la jurisprudence l'a consacré par de nombreuses décisions. Ce principe a été formellement établi dans un arrêt de la Cour de cassation, du 22 décembre 1840, S. 40 1.39.

Dans l'espèce de cet arrêt, un jugement avait été prononcé en faveur du sieur Baudouin contre le sieur Gabiolle, lequel, afin d'échapper à la contrainte par corps et donner à son créancier des sûretés pour le payement de sa créance, offrit le cautionnement de sa femme avec hypothéque sur les biens de cette dernière. Cette proposition ayant été acceptée, Me Prégent, notaire, rédigea un acte par lequel la dame Gabiolle déclarait s'obliger, solidairement avec son mari, au payement de tout ce qui était dû à M. Baudouin, en vertu du jugement du 21 janvier 1834, et affecter hypothécai-

rement tous ses immeubles présents et à venir,
comme si ce jugement était rendu contre elle.....
L'erreur du notaire, comme on le voit, consistait
à penser que cet acte d'acquiescement devait
rendre la femme Gabiolle partie au jugement, et
soumettre ses biens à l'hypothéque judiciaire en
résultant. Mais cette erreur lui était commune
avec les parties, et comme elle tient au fond du
droit et que le principe que nul n'est censé ignorer
la loi, reçoit ici son application, la Cour, chambre des requêtes, a rejeté le pourvoi du sieur
Baudouin, en ces termes:

« Attendu que l'arrêt attaqué a décidé que le
notaire Prégent n'avait pas agi dans l'espèce,
comme mandataire des parties contractantes, et
que l'obligation morale de leur donner des conseils et de les éclairer sur l'efficacité de cet acte ne
pouvait pas s'étendre jusqu'à rendre ce notaire
responsable d'une erreur, qui tenant au fond du
droit et non à la régularité de la forme paraissait
avoir été commune au rédacteur de l'acte et aux
parties contractantes, lesquelles avaient à s'imputer
d'avoir ignoré une disposition de la loi, que chacun
est censé connaître; attendu d'ailleurs que l'arrêt
attaqué n'a pas révoqué en doute la bonne foi du
notaire, rejette. »

Cependant, sur le pourvoi formé contre un
arrêt de la Cour de Rennes, la Chambre des

requêtes de la Cour de cassation, dans un arrêt du 12 avril 1843, vient d'admettre un cas de responsabilité dans une espèce où il y avait erreur sur le fonds du droit.

Il s'agissait d'une donation faite pendant le mariage par un époux mineur. La Cour a confirmé en droit l'annulation prononcée par les premiers juges, et a rejeté le pourvoi tant contre ce dispositif de l'arrêt de la Cour de Rennes, que contre celui qui avait condamné le notaire rédacteur de l'acte à des dommages-intérêts envers l'époux donataire.

« Attendu (sur ce dernier chef) que l'arrêt attaqué en décidant en droit que les notaires sont tenus de connaître la forme dans laquelle doivent être rédigés les divers actes auxquels ils sont appelés à conférer le caractère de l'authenticité, et que leur responsabilité est engagée par suite de l'annulation de ces actes, a fait une juste interprétation de la loi ; attendu qu'après avoir déclaré, en fait, qu'il y avait dans l'espèce faute et imprudence du notaire Burdelot, la Cour royale n'a fait qu'user du pouvoir discrétionnaire et souverain qui lui est attribué, en appréciant et en déterminant la quotité des dommages-intérêts encourus par le notaire, à titre de réparation du préjudice par lui causé, rejette. » (*Bulletin des Tribunaux,* 18 avril 1843.)

La Cour, comme on le voit, s'est placée
à un point de vue fautif : sans doute, les notaires peuvent être déclarés responsables des nullités de forme, qu'ils commettent dans leurs actes;
mais l'acte produit au procès était régulier en
la forme ; il s'agissait seulement de savoir s'il
aurait fallu, dans l'espèce, opter pour une donation ou pour un testament. La Cour a décidé
que le mineur ne pouvait disposer que par testament, et a annulé la donation qui avait été
faite ; il y a eu erreur de droit de la part
du notaire, mais non pas inobservation des
formes de l'acte qui a été choisi, puisque la
donation renfermait toutes les formalités prescrites. Admettons maintenant que le choix fait
par les parties d'une donation plutôt que d'un
testament, ait été dicté par les conseils du notaire, ce dernier ne sera pas davantage passible de dommages-intérêts comme officier public,
puisqu'il n'a manqué à aucun devoir de sa profession, et que le simple conseil de choisir telle
ou telle forme ne saurait engager sa responsabilité, en vertu de la maxime : *Consilii non frau-*
dulenti nulla est obligatio. L. 47, D. *de reg.*
jur. Il y a plus : on ne peut équitablement cri-
tiquer le conseil donné par le notaire dans la
circonstance dont il s'agit, quand on examine
la doctrine des auteurs sur la question qui en

fait l'objet. Ils s'accordent presque tous à dire qu'en prohibant aux mineurs les donations entre-vifs, la loi a eu pour but de les mettre en garde contre la séduction, et de les empêcher par un dessaisissement irrévocable, de se dépouiller sans retour à leur préjudice. Mais ce danger existe-t-il alors qu'il s'agit de donations entre époux essentiellement révocables, et n'a-t-on pas pu croire qu'en dérogeant à l'article 904 du Code civil pour les donations par contrat de mariage, la loi avait voulu y déroger aussi pour celles faites pendant le mariage.

Tout en admettant qu'il est prudent de s'en tenir au texte de l'article 904, M. Grenier pense qu'il n'y aurait pas cependant contravention, si la libéralité était faite dans la forme d'une donation, au moins dans l'esprit de la loi, dès que cette donation serait révocable comme le testament. (*Don. et Test.*, 3e part, ch. 4, no 461.)

Telle est aussi l'opinion des auteurs du *Répertoire du notariat*, vo *don. entre époux*, no 29, et de M. Armand Dalloz, *Dict. de jur.*; cod. vo no 133.

Les auteurs du *Dictionnaire du notariat* expriment aussi les doutes sérieux que soulève la question : « Si l'on consulte, disent-ils, la discussion qui a eu lieu au conseil d'état sur l'article 904, on voit que M. Tronchet disait :

« Les donations ne doivent pas être permises au mineur , *parce qu'elles le dépouillent sans retour* ; et il convient aussi de limiter en lui , la faculté de tester. » Il est évident que le législateur n'avait en vue que les donations entre-vifs , c'est-à-dire , qui contiennent dépouillement actuel ; lorsqu'il a décidé que le mineur ne pourrait disposer que dans la forme testamentaire. Or , il ne peut pas exister entre les époux de donations de cette nature ; les dispositions qu'ils se font , sont toujours et nécessairement subordonnées à la survie du donataire ; elles sont toujours et nécessairement révocables , elles ne sont , au fonds , que des dispositions testamentaires. La prohibition de disposer par donation entre-vifs , ne semble donc pas applicable aux dispositions que fait un époux mineur à son conjoint par acte ordinaire. (2e éd. cod. vo no 8.) La donation *offre même plus de garantie* contre la séduction, qu'un testament qui serait olographe. On comprend que la donation des biens présents soit interdite au mineur quoique révocable , parce qu'elle a l'effet de le dessaisir actuellement ; mais il n'y a nulle raison d'étendre la prohibition à la donation de biens à venir. (*Suppl.* cod. vo no 12.) »

Dans ses motifs , la Cour de cassation signale quelques différences qui ne permettent pas d'assimiler la donation entre époux pendant le mariage à une disposition testamentaire, et les conséquences qu'elles entraînent, telles par exemple que la dispense pour le donataire de demander la délivrance, le droit de ne supporter la réduction qu'après les dispositions testamentaires, etc. ; il y a donc avantage de choisir la forme de la donation entre-vifs, plutôt que celle du testament.

Et c'est en présence de cette doctrine marquée au coin de la plus saine logique et de la raison, en présence de ces avantages signalés que la Cour de Rennes a déclaré qu'il y avait *faute et imprudence* de la part du notaire qui avait conseillé une donation entre-vifs? On a de la peine à s'expliquer les motifs qui ont pu amener les juges à rendre une pareille décision. Mais le notaire eût-il donné un conseil manifestement erroné, il ne saurait être responsable, parce qu'il ne s'agit pas pour lui d'un devoir légal auquel il ait manqué; il est toujours à l'abri derrière sa bonne foi, et ne peut pas être plus recherché que l'avocat et le jurisconsulte, qui donnent une consultation. A plus forte raison, doit-il en être ainsi, quand le conseil donné, loin d'être erroné, est le résultat d'une recherche consciencieuse et conforme à l'opinion d'auteurs graves et estimés ?

Il est aussi très suprenant que la Cour de
cassation n'ait pas relevé cette aberration. Quelque
que soit le pouvoir souverain des Cours royales
en matière d'appréciation de faits, la Cour suprême
prême n'en a pas moins le droit d'examiner les
conséquences légales des faits constatés, et quoi
qu'il en soit de l'opinion qu'elle a pu avoir dans
l'espèce sur la question de droit qui lui était
soumise, il était dans ses attributions d'examiner
ner si, eu égard à la diversité d'opinions qui
existait et aux autorités ci-dessus rappelées, on
pouvait raisonnablement reprocher au notaire
une faute ou imprudence : cet examen ne pouvait
vait produire un résultat douteux, et la Cour
n'aurait pas sanctionné de sa grave autorité une
erreur inqualifiable.

Cette discussion nous a entraînés un peu
loin; mais elle était nécessaire, avec d'autant
plus de fondement qu'on ne voit pas sans peine
la Cour suprême entrer depuis quelque temps
dans une large voie de modification de la jurisprudence
risprudence établie : ses décisions sur la question
tion du notaire en second ont nécessité l'intervention
vention du pouvoir législatif ; un arrêt récent
change complétement une jurisprudence constante
sur la question de savoir si l'enfant naturel reconnu
connu peut être adopté ; l'arrêt du 12 avril détruirait
truirait tous les principes reçus en matière de

responsabilité notariale. « Ce système , dit M. De-
villeneuve , est de nature à affliger et à décon-
certer les amis de la science , tous ceux qui se
plaisent à voir dans la jurisprudence le complément nécessaire de la loi , dans l'institution de
la Cour suprême et régulatrice , un moyen de ramener les Cours et Tribunaux du royaume à l'unité
de doctrine , qui seule peut maintenir l'unité de
législation. (*Recueil des arrêts* , S. 43 1.117 ,
en note.)

Espérons que la Cour se rendra plus de justice à elle-même , en ne détruisant pas trop
facilement ce qu'elle a édifié , qu'elle comprendra la nécessité d'établir dans la jurisprudence
la stabilité de la loi , et que dans le sujet qui
nous occupe , elle ne voudra pas revenir sur
le principe que les notaires ne peuvent être recherchés pour des erreurs tenant au fond du
droit, principe qu'elle a reconnu et proclamé
elle-même , qui est le seul admissible , et sans
lequel le notariat n'aurait plus cette juste sécurité qui lui est indispensable.

Quant aux nullités provenant de vices de forme ,
nul doute qu'elles ne doivent être imputées au
notaire , chargé spécialement de les observer dans
les actes de son ministère.

Quelques auteurs avaient distingué les formalités intrinsèques et les formalités extrinsèques.

Les premières sont celles qui appartiennent à
la substance même de la stipulation, et qui sont,
par conséquent, plutôt le fait des parties que
celui du notaire. Les formalités extrinsèques
sont celles qui n'ont trait qu'à la régularité de
l'instrument, à la forme probante de l'acte, et
qui, par suite, sont le fait propre du notaire
et doivent être observées sous sa responsabilité.
Mais cette division rationnelle en théorie n'était
pas sans difficulté dans la pratique. Ainsi on
avait rangé dans les formalités intrinsèques l'acceptation d'une donation. Or, l'acceptation en
termes exprès d'une libéralité dans l'acte même
qui la constate, est plutôt un objet de forme,
un signe extérieur et probant : en disant que
l'acte de donation doit être passé devant notaires, et que la libéralité doit être acceptée en
termes exprès, la loi semble imposer spécialement aux notaires de faire cette mention, comme
elle leur impose, par exemple, en matière de
testament, celle de la dictée, de l'écriture, etc. :
de même que la loi n'attache qu'à cette mention
de l'acte, la preuve légale de l'accomplissement
des formalités prescrites, et qu'il serait insuffi-
sant d'établir, qu'en réalité le testament a été
dicté par le testateur et écrit par le notaire;
de même aussi, on ne saurait prouver que réellement la donation a été acceptée, si la mention

n'existe pas dans l'acte. On peut donc dire que c'est là un objet de forme, et les considérations qui précèdent, peuvent aussi s'appliquer à quelques autres formalités, qu'on avait cru pouvoir ranger dans les formalités intrinsèques.

Aussi la jurisprudence a rejeté cette distinction, quant à la responsabilité, des formalités intrinsèques et extrinsèques, et a admis notamment que la nullité d'une donation, résultant du défaut de mention de l'acceptation du donataire, pouvait engager la responsabilité du notaire, alors que le donataire était présent et avait l'intention d'accepter. (Nancy, 2 février 1838, S. 38 2.203; Cass., ch. req., 27 mars 1839, S. 39 1.269; Rennes, 20 mars 1841. S. 41 2.418) (1).

---

(1) On pourrait peut-être opposer à cette doctrine l'arrêt de la Cour de cassation, du 22 décembre 1840, ci-dessus cité, si l'on ne consultait que le sommaire qui en est donné par quelques arrêtistes. Ils ont fait dire à la Cour que le notaire n'était pas responsable d'une insuffisance de déclaration dans la nature et la situation des biens hypothéqués conventionnellement; or cette désignation était rangée au nombre des formalités intrinsèques ; mais la question n'était pas posée en ces termes. On avait donné à un acte une efficacité qu'il n'avait pas légalement ; on avait supposé qu'une personne étrangère à un jugement,

Il est donc beaucoup plus simple et plus logique de ne distinguer que les nullités du fond et les nullités de la forme des actes.

Les premières tiennent à la substance même de la stipulation, au fond du droit; et sous ce rapport, étant surtout l'œuvre des parties contractantes, elles ne sauraient être le fondement d'une action en garantie contre les notaires. Ainsi, un contrat de mariage fait après la célébration, la reconnaissance d'un enfant adultérin, des conditions impossibles, des actes consentis en faveur de personnes interposées, ou basées sur une fausse entente de la loi, etc.

Les secondes, tiennent au caractère extérieur de l'acte, à la forme probante que le notaire est chargé de lui donner, et sous ce point de vue, elles sont le fait personnel de l'officier instrumentaire, et engagent sa responsabilité.

Il y a des formes générales et communes à tous les actes notariés, ce sont celles tracées par la loi de ventôse, et dont la violation est

---

pouvait, par un acquiescement postérieur s'en appliquer les effets. C'était là une erreur tenant au fond du droit, et la Cour devait, comme elle a fait, déclarer le notaire non responsable, sans qu'on puisse tirer argument de son arrêt contre le système que nous proposons.

punie par l'article 68 ; et des formes spéciales à certains actes, les donations, les testaments, etc.

On avait d'abord agité la question de savoir si les formes, prescrites par le Code civil relativement à ces derniers actes, pouvaient être rangées sous le coup de l'article 68, et si leur inobservation pouvait, en cas de nullité, donner lieu à des dommages-intérêts contre le notaire contrevenant. On était alors sous l'impression du principe que les dommages-intérêts ne doivent être prononcés que dans les cas formellement prévus par la loi, impression qui s'est peut-être un peu trop affaiblie depuis; mais quoi qu'il en soit, il a été reconnu qu'il y avait même raison de décider, et que s'agissant dans l'un et l'autre cas, de formalités que le notaire est spécialement chargé d'observer, il doit être déclaré responsable, si la faute est grave et inexcusable. La jurisprudence est depuis long-temps fixée sur ce point, spécialement en matière de testament.

Il est donc avéré en principe que l'omission des formes spécialement prescrites, soit pour les actes en général, soit pour certains actes en particulier, peut motiver une action en garantie ; mais ce principe ne doit être appliqué qu'avec les justes tempéraments indiqués par la raison et l'équité, et c'est ici que s'exerce le pouvoir discrétionnaire des Tribunaux, indiqué par la loi dans les mots, s'il y a lieu, de l'article 68, et formellement reconnu par la Cour de cassation dans un important arrêt du 27 novembre 1837, S. 37, 1.945, dont voici les motifs :

« La Cour, attendu qu'il résulte de l'article 68 de la loi du 25 ventôse an XI, que les notaires ne sont pas de plein droit et d'une manière absolue, responsables des nullités ayant pour cause les omissions ou irrégularités qu'ils commettent lors de la rédaction de leurs actes ; que cet article, en effet, ne les assujettit à des dommages-intérêts que s'il y a lieu ; d'où il suit que la déclaration de la nullité d'un acte n'entraîne pas nécessairement la responsabilité du notaire qui a fait cette nullité ; qu'en cette matière, les dommages-intérêts et leur quotité dépendent de la nature et de la gravité de l'omission ou de l'irrégularité reprochées au notaire, et sont subordonnés à l'appréciation équitable des Tribunaux ; que les articles 1382 et 1383 du Code civil n'ont point abrogé le droit spécial relatif au notariat, et n'obligent pas les juges à rendre les notaires responsables dans tous les cas de la nullité de leurs actes... rejette. »

Quelques Tribunaux ont cru voir dans cet arrêt le fondement d'un pouvoir discrétionnaire illimité, dont le résultat aurait été de les rendre

seuls juges des cas de responsabilité ; or , telle
n'a pas été l'opinion de la Cour et la portée
de son arrêt : la Cour n'a statué que dans un
cas de responsabilité formellement prévu par la
loi , celui de la nullité des actes; et en reconnaissant alors aux Tribunaux le pouvoir d'apprécier *équitablement* la nature de l'omission ou de
l'irrégularité , de déclarer si la faute reprochée
au notaire est grave et sans excuse , s'il y a
lieu par suite à des dommages-intérêts envers la
partie lésée , elle a fait une juste application des
principes.

Toute la difficulté consiste uniquement à décider
quand il y a faute grave , et quoique les juges
aient toute latitude à cet égard , il n'est pas
inutile d'examiner quels sont , en général , les
cas d'excuse et les circonstances d'après lesquelles
les contraventions peuvent présenter plus ou moins
de gravité.

Le droit romain et l'ancienne législation avaient
divisé les fautes en trois classes : les fautes
graves , légères et très légères. Quoique les rédacteurs du Code n'aient pas expressément conservé cette théorie , qu'ils ont peut-être considérée
comme plus ingénieuse qu'utile dans la pratique ,
et comme suffisamment présente à l'esprit des
juges , elle a été au moins dans leur pensée , et
elle se trouve appliquée dans plusieurs disposi-

tions du Code, notamment dans les articles 804 et 1992 du Code civil. Un examen approfondi de cette question a amené le savant auteur du *Traité des Droits d'usufruit, d'usage et d'habitation*, M. Proudhon, à reconnaître et à établir, t. 3, *in fine* :

Qu'il est constant que la distinction des fautes en graves, moyennes et légères, se trouve encore consignée dans notre législation usuelle ;

Qu'il n'est pas vrai de dire qu'aujourd'hui en France tout individu soit tenu de réparer le dommage qu'il a causé par sa faute, même la plus légère, parce que s'il en était ainsi, toutes ces distinctions faites sur les diverses espèces de fautes, seraient parfaitement inutiles.

Appliquée à la responsabilité des notaires, cette distinction des fautes a été critiquée par quelques auteurs : toute faute, a-t-on dit, qui entraîne la nullité d'un acte, est par cela même une faute grave, et toute distinction à cet égard est inutile et superflue. Une telle opinion n'est pas admissible, parce qu'elle est contraire à toutes les règles de la justice et de l'équité. C'est en elle-même et non dans ses conséquences que la faute doit être considérée respectivement au notaire, et sous ce point de vue, il est impossible de ne pas admettre une distinction proclamée par la raison et l'équité, et consacrée par le législateur lui-même dans l'article 68 de la loi de ventôse, et dans les mots s'il y a lieu.

Ainsi les juges doivent examiner le caractère de la faute qui entraîne la nullité, pour apprécier équitablement la question des dommages-intérêts réclamés contre les notaires. Ils deviennent alors de véritables jurés, dont la décision, quand elle est en dernier ressort, échappe à la censure de la Cour de cassation. Les circonstances particulières de chaque espèce qui leur est soumise devant nécessairement influer sur leur jugement, il est difficile de poser des règles généralement applicables. On peut cependant, d'après l'examen consciencieux des nombreuses décisions rendues sur la matière, reconnaître quelques principes propres à diriger la religion du juge, et dont il est aisé de sentir la convenance et la justesse par le simple énoncé.

Ainsi on doit, en général, considérer comme faute grave:

1o L'omission d'une formalité essentielle et clairement indiquée par la loi, telle, par exemple, que la mention dans un testament de la déclaration faite par le testateur qu'il ne sait ou ne peut pas signer. (Rej. req., 14 mai 1822, S. 23 1.185.)

La mention de la signature des témoins. (Paris, 25 mai 1826, S. 27 2.48. Bourges, 28 juillet 1829, S. 29 2.297.)

La date de l'année dans un testament. (Rouen, 24 juillet 1828.)

La mention dans un testament de la lecture au

testateur en présence des témoins. (Grenoble, 13 juillet 1831, S. 32 2.299, etc., etc.)

2º La contravention à une prohibition formellement exprimée dans la loi : telle que celle de l'article 16 de la loi de ventôse , relative aux surcharges , ratures et interlignes.

Ainsi encore les notaires ne peuvent devenir cessionnaires des procès , droits et actions litigieux qui sont de la compétence du Tribunal dans le ressort duquel ils exercent leurs fonctions , à peine de nullité et des dépens, dommages - intérèts. (C. civ., 1597.)

Ils ne peuvent non plus recevoir des actes dans lesquels la contrainte par corps serait stipulée hors des cas prévus par la loi, à peine de nullité, dépens, dommages-intérêts. (C. civ., 2036, etc., etc.)

Mais les notaires sont excusables :

1º Quand , dans la mention d'une formalité, ils ont employé un terme qu'ils ont cru équipollent, et que les juges n'ont pas déclaré tel. (Colmar, 11 février 1815, S. 18 2.159.)

2º Lorsque l'inobservation des formes a eu lieu au su et dans l'intérêt de la partie, qui postérieurement réclame des dommages-intérêts. (Caen, 15 janvier 1823, S. 24. 2.269.)

3º Quand la nullité résulte d'une disposition de la loi, sur la conséquence et le mérite de laquelle il existe diversité d'opinions dans la jurisprudence.

Les décisions des Cours royales se rencontrent toutes sur ce point. Douai, 29 mai 1810, S. 11 2.359 ; Riom, 20 novembre 1818, S. 20 2.1, et 28 mai 1824, S. 26 2.98 ; Lyon, 18 janvier 1832, S. 32 2.363 ; Metz, 30 avril 1833, S. 33 2.549 ; Agen, 16 août 1836; Douai, 2 janvier 1837, S. 37 2.278.

Ceci a été spécialement appliqué aux testaments, alors que la question de savoir si la loi de ventôse leur était applicable, était controversée. Lyon, 28 janvier 1832, S. 32 2.363 ; v. S. 26, 1.294.

Telle serait aujourd'hui la question relative à la présence réelle du second notaire.

Il importe de remarquer, en terminant cet article, que pour éviter ces nullités de forme, source la plus fréquente des actions en garantie, les notaires doivent adopter un cadre de formule pour les actes de leur ministère et spécialement pour les testaments, et l'avoir toujours présent à la mémoire pour en faire sans peine l'application. Ce moyen mnémonique doit écarter toutes les chances d'erreur, auxquelles on est si souvent exposé sans son secours, quelle que soit d'ailleurs la connaissance qu'on puisse avoir des dispositions de la loi relatives à la forme des actes.

§ II. — *Des obligations morales.*

Les notaires ont à remplir dans l'exercice de leurs fonctions deux espèces d'obligations bien distinctes : les unes prescrites par la loi civile et dont nous venons de parcourir le cercle; les autres purement morales, écrites dans le for intérieur et la loi naturelle seulement, qui ne sont pas de l'essence, mais de la nature de leurs fonctions, et qu'on peut regarder comme la conséquence de cette espèce d e sacerdoce qu'exerce le notaire dans la pratique des affaires.

Avocat commun des parties qui se présentent devant lui, il doit les instruire avec le même zèle de leurs obligations et de leurs droits respectifs, leur faire connaître avec soin la nature et l'étendue de leurs engagements, empêcher la dissimulation et la fraude, prévenir les artifices coupables, et parlant à tous le langage de la paix et de l'honneur, devenir en quelque sorte la providence des familles.

Dépositaire de secrets importants, qui peuvent souvent intéresser l'honneur et le crédit de ceux qui recourent à son ministère, il doit garder religieusement ce qui lui a été confié, et appréhender sans cesse que la moindre indiscrétion puisse être préjudiciable à ses clients. Nous avons vu quelle était l'obligation que la loi faisait au notaire relativement au secret de ses actes. Elle se borne à la prohibition de les communiquer à d'autres qu'aux parties intéressées en nom direct, leurs héritiers ou ayant cause. Mais le devoir moral du secret s'étend bien plus loin, et il embrasse tout ce qui a été dit avant et à l'occasion des actes. Aussi a-t-on, en général, reconnu aux notaires le droit de refuser leur déposition en justice sur des faits qu'ils n'ont connu qu'à raison de l'exercice de leurs fonctions. (Roll. de Vill., *Rép.* v° *secret,* n° 6, et les arrêts cités; Bordeaux, 16 juin 1835; *Contrôl.,* art. 4173, an 1835; Fav. de Langl., *Rép.* v° *not.,* n° 25.)

Cependant la Cour de cassation, dans un arrêt du 23 juillet 1830, S. 30 1.290, a décidé en sens contraire : la question s'était présentée en matière criminelle, la Cour s'est appuyée sur les considérations suivantes :

« Attendu que l'article 378 du Code pénal qui établit des peines correctionnelles contre les médecins, chirurgiens....., et toutes autres personnes dépositaires par état ou profession des secrets qu'on leur confie...., est placé sous la rubrique des calomnies, injures et révélations de secrets ; qu'il a pour objet de punir les révélations indiscrètes inspirées par la méchanceté et le dessein de diffamer et de nuire ; mais qu'il ne s'ensuit pas que les personnes qui exercent ces professions doivent être

dispensées de faire à la justice la révélation des
faits à leur connaissance, lorsqu'elles sont enten-
dues comme témoins, et que dans l'intérêt de
l'ordre public, leurs dépositions sont jugées nécessaires pour parvenir à la découverte de la
vérité ;

« Que les notaires ne sont pas compris dans
cette désignation générale de l'article, toutes autres
personnes, puisque leurs devoirs et les peines qu'ils
peuvent encourir, en cas de violation en cette
partie, sont fixés par l'article 23 de la loi du 25
ventôse an XI, loi spéciale en ce qui les concerne ;
que, d'après cet article, la défense qui leur est faite
de délivrer expédition ni de donner connaissance
des actes à d'autres qu'aux personnes intéressées
en nom direct, héritiers ou ayant droit, est plutôt
une défense de divulguer, qu'un secret absolu qui
leur soit imposé, puisque d'après cet article ils sont
tenus de délivrer ces expéditions à des tiers en exécution des ordonnances du président du Tribunal de
première instance de leur arrondissement, et aussi
sauf l'exécution des lois et réglements sur le droit
d'enregistrement ;

« Que si quelques auteurs ont pensé que les
notaires ne devaient point être interrogés ni entendus dans les enquêtes sur ce qui aurait été dit par
les parties pour s'accorder sur les conditions des
actes qu'ils ont reçus, opinion qui ne paraît forti-

fiée par aucun monument de jurisprudence (1), il ne s'agit toutefois dans l'opinion de ces auteurs que d'intérêts civils entre personnes privées, et qu'il n'en pourrait être rien induit en matière criminelle et contre l'action de la vindicte publique ;

« Que si les avocats et même les avoués sont dispensés de déposer des faits qui sont à leur connaissance, en leurdites qualités seulement, dans les procès de leurs clients, cette dispense exceptionnelle est une mesure d'ordre public, établie par la jurisprudence en faveur du droit sacré de la défense qui prédomine tous les autres, et qui ne peut ni ne doit être étendue aux notaires dont la profession ne les appelle pas à exercer cette défense.»

Il semblerait, d'après cet arrêt, qu'il y aurait peut être une distinction à faire entre les matières civiles et les matières criminelles. Quoi qu'il en soit, et dans l'incertitude que laisse la jurisprudence, un notaire serait excusable d'avoir déposé en justice sur des faits qu'il aurait connus en sa qualité.

Il résulte des principes précédemment établis, que les notaires ne sont pas tenus d'avertir les parties qui contractent avec un tiers, des charges

---

(1) La Cour n'a pas eu connaissance ou a méconnu les arrêts ci-dessus cités.

qui peuvent exister sur les biens de ce dernier ; c'est à elles à s'en assurer par les moyens légaux, et il ne paraît pas même qu'on puisse distinguer le cas où c'est le notaire qui est personnellement créancier, comme on le faisait autrefois.

Le notaire doit être probe, non pas seulement de cette probité commune, qui suffit dans les circonstances ordinaires de la vie, mais de cette probité sévère et délicate, qui fait qu'on est honnête homme, non-seulement pour soi-même, mais encore pour les autres, et qui ne permet rien de contraire aux principes de la justice et de la plus stricte équité. Mais on le conçoit, une probité de cette nature se sent et ne se définit pas, et comme elle trouve sa seule récompense dans la satisfaction intérieure du bien qu'elle procure, la négligence à la pratiquer ne peut être punie que par le reproche de la conscience, ou tout au plus par une peine disciplinaire, si elle est trop blâmable.

Enfin, le notaire doit être instruit dans la science des lois, dont il fait une application journalière, et devenir pour les parties un guide sûr et éclairé. Mais cette science est vaste et difficile ; les plus savants jurisconsultes ont interprété différemment les textes : quelquefois un examen plus approfondi leur a fait abandonner une première opinion pour en embrasser une tout opposée. La jurisprudence se modifie avec le temps et le changement du personnel des Tribunaux : la Cour de cassation elle-même, destinée à fixer l'interprétation judiciaire de la loi, n'est pas à l'abri de cette variation fâcheuse. Il est donc impossible que le notaire ne soit pas exposé à de fréquentes erreurs, et on ne peut lui reprocher d'avoir suivi de bonne foi l'opinion qui lui a paru préférable, ou d'avoir interprété d'une manière particulière le texte d'une loi.

Ainsi, l'inobservation de ces devoirs moraux ne peut jamais engager la responsabilité des notaires, parce qu'étant indéterminés de leur nature et différemment sentis par chacun, ils ne pourraient engendrer qu'une action purement arbitraire et en dehors du cercle ordinaire dans lequel se meut la loi civile. Leur pratique plus ou moins habituelle ou intelligente, constitue le notaire plus ou moins parfait, et sous ce rapport elle doit être l'objet d'une étude constante de la part de celui qui se pénètre bien de l'importance de sa mission ; et avec d'autant plus de fondement, qu'une simple négligence à cet égard peut amener de graves conséquences. Un exemple entre mille autres est rapporté dans la *Gazette des Tribunaux* du 20 novembre 1842. Il s'agissait d'un faux par supposition de per-

sonne porté devant la Cour d'assises de la Seine.
Les débats ont révélé les faits suivants : La
veuve Bernard avait reçu en dépôt du sieur Blanchard, pendant la durée d'un voyage que celui-ci
se proposait de faire à l'étranger, une inscription de rente sur l'état de la somme de 1991 fr.
Ayant eu l'idée de s'emparer de cette rente, elle
s'entenditavec un tiers, qui consentit à passer pour
le propriétaire et se rendit avec deux témoins certificateurs chez Me Delapalme, notaire, à l'effet d'y
consentir une procuration pour transférer la rente.
M. Delapalme, ayant pris en particulier les témoins,
les interrogea avec soin, leur fit sentir toute la
gravité de leur déclaration et la responsabilité
qu'ils assumaient sur leur tête, et ils refusèrent
de signer. L'accusée se rendit alors chez un autre
notaire qui ne prit pas les mêmes précautions,
et reçut la procuration sur la déclaration des
témoins. La rente fut transférée, le prix dissipé,
et la ruine d'une famille entière devint la conséquence de cette manœuvre frauduleuse. Remarquez que ce notaire avait exactement rempli
les obligations que la loi lui imposait, en faisant
certifier par deux témoins l'individualité du faux
Blanchard. Mais ce qui distinguait la conduite
de Me Delapalme, et lui donnait un caractère
particulier, c'était l'accomplissement de l'obligation morale. Il fut plus prudent, mieux ins-

piré peut-être, et on le comprend, ces qualités toutes personnelles peuvent se nuancer à l'infini ; on ne peut leur assigner des limites légales, et c'est pourquoi nous le répétons : la responsabilité civile des notaires ne peut jamais être mise en jeu à leur égard.

La Cour de cassation a proclamé formellement ce principe dans un arrêt du 22 décembre 1840 précédemment rappelé. Elle a reconnu que l'obligation morale pour le notaire de donner des conseils aux parties et de les éclairer sur l'efficacité d'un acte, ne pouvait pas s'étendre jusqu'à le rendre responsable d'une erreur, qui tenait au fond du droit et non à la régularité de la forme.

En présence d'un principe aussi vrai et aussi juste, on ne peut admettre, sans critique, un arrêt de la Cour de Rouen, du 21 janvier 1841, S. 41 2.353, intervenu dans l'espèce suivante :

Les sieurs Lefebvre père et fils avaient vendu, sous la faculté de rachat, divers immeubles au sieur Dhuilly, qui avait purgé l'hypothéque légale de la femme Lefebvre fils. Les vendeurs voulant user plus tard de la faculté qu'ils s'étaient réservée, empruntèrent à Perelle représenté par la dame Dailly les fonds destinés à exercer le rachat, et hypothéquèrent les mêmes immeubles précédemment vendus. Il fut dit, dans l'acte de prêt, que çes immeubles étaient affranchis de l'hypothéque légale de la femme Lefebvre fils, qui avait été purgée par Dhuilly, acquéreur. Cependant le notaire rédacteur, s'étant aperçu de l'erreur de cette assertion, ajouta dans une clause additionnelle qui fut lue à la dame Dailly avec le corps de l'acte : « Observant que l'hypothéque légale subsistera de nouveau par l'effet de l'exercice du réméré. » Postérieurement, le prêteur ayant été primé par l'hypothéque légale de la dame Lefebvre dans l'ordre ouvert pour la distribution du prix des biens de ce dernier, et exposé par suite à perdre le montant de sa créance, actionna le notaire en garantie.

Cette action fut accueillie par la Cour de Rouen d'après les motifs suivants : « Attendu que les notaires n'ont pas seulement pour mission de donner le caractère d'authenticité aux actes qu'ils rédigent ; — qu'ils ont reçu une mission plus élevée de la loi qui les institue, ce qui résulte des motifs qui en ont déterminé l'adoption, qu'ils doivent présider aux conventions qu'ils reçoivent ; qu'ils sont les conseils que la loi elle-même a donnés aux parties qui sont obligées de se confier à eux ; qu'ils doivent donc veiller à leurs intérêts et leur faire comprendre le sens et la portée des obligations qu'elles contractent, surtout lorsqu'il s'agit de clauses

dont les effets légaux évidents pour le notaire
qui a les connaissances que son état exige,
peuvent n'être pas aperçus ou n'être pas suffisamment appréciés par les parties qui contractent ; qu'il est de principe fondé sur la loi et
l'équité , que tout fait qui cause à autrui un
dommage, oblige celui par la faute duquel il
est arrivé à le réparer ; que la loi qui a orga-
nisé le notariat , ne contient aucune exception
à ce principe.... »

Cet arrêt contient, comme on le voit, une
confusion d'idées sur les obligations des notaires,
qui a induit en erreur la Cour de Rouen. S'il
est vrai que les notaires soient les conseils naturels des parties , et qu'en cette qualité ils soient
tenus de les éclairer sur le sens et la portée des
clauses d'un acte , ce n'est là de leur part qu'une
obligation purement morale, indéfinie de sa nature
et à laquelle la loi ne pouvait raisonnablement les
astreindre. Et d'ailleurs , la Cour ne pouvait décider comme elle l'a fait , sans violer ouvertement
cette maxime universellement admise comme fondée en justice et en raison , et sans laquelle
il n'y aurait pas de pratique possible dans les
affaires : *nemo ex consilio suo obligatur.*

Dans l'appréciation des faits de la cause, on
retrouve le même oubli des principes. La faute
du notaire incriminé était d'autant plus excusable,

que celui des effets de l'exercice du réméré qui
avait été d'abord méconnue, n'est pas textuellement indiqué par la loi, et que le raisonnement le met seul à découvert; mais on est aussi
amené par le raisonnement et comme conséquence
de l'article 1673, à reconnaître avec des auteurs
recommandables (Troplong, 763; Arm. Dalloz,
Dict. v° *Vente*, 892), que l'acquéreur a un droit
de retention sur la chose jusqu'au payement
du prix, droit qui peut être cédé à un tiers,
et qui se rapproche singulièrement d'un privilége. Si l'on ajoute à cela que l'assertion con-
tenue dans le corps de l'acte était détruite par
l'observation additionnelle, et que la partie qui
a entendu la lecture de ces deux assertions contradictoires, aurait pu demander une explication;
on est surpris que la Cour n'ai pas vu dans
ces circonstances des motifs d'excuse suffisants
pour écarter une action qui se repoussait d'ailleurs par son peu de fondement en droit (V.
au sujet de cet arrêt un article de l'auteur,
inséré dans le *Journal du notariat* du 28 septembre 1841, n° 208.)

En résumé, les notaires doivent accomplir
fidèlement ces obligations morales, qui donnent
à leurs fonctions un caractère plus noble et plus
élevé; une plus grande considération est attachée à leur pratique habituelle; mais leur inob-

servation ne peut être contre eux le fondement d'une action judiciaire : car, c'est moins dans l'action des Tribunaux que dans celle des Chambres de discipline, et dans cette confiance qui laisse à chacun la liberté de s'adresser à celui qui lui offre le plus de garanties de capacité et de moralité, que la loi a trouvé le gage le plus sûr de leur exécution constante.

SECTION II.

Des notaires considérés comme dépositaires.

La responsabilité des notaires relativement aux sommes dont ils sont dépositaires n'est pas douteuse en thèse générale, et ils restent soumis comme toutes autres personnes, aux règles particulières du contrat de dépôt. L'application de ces règles a été faite par les Tribunaux, dans plusieurs circonstances, notamment dans l'espèce suivante, qui n'est pas sans intérêt, puisqu'elle prévoit un cas de nature à se représenter quelquefois dans l'exercice des fonctions notariales.

Après avoir vendu des biens qui lui avaient été légués par son mari, la veuve Coulondre, désirant que le prix de ces biens retournât aux héritiers de ce dernier, après en avoir elle-même joui pendant sa vie, déposa entre les mains de Me Raffin, notaire, une somme de 1,500 fr., avec charge de la placer au profit des héritiers du sieur Coulondre pour ne leur être payée qu'à son décès, s'en réservant les intérêts sa vie durant.

Conformément aux intentions de la veuve Coulondre, Me Raffin plaça les 1,500 fr., en servit les intérêts à la veuve pendant sa vie, et après son décès, remit la somme aux personnes indiquées par cette dernière.

Cependant l'héritier de la dame Coulondre demanda à Me Raffin la restitution de la somme qui lui avait été déposée, comme en étant devenu seul propriétaire.

Le 16 mai 1839, un jugement du Tribunal civil de Montpellier accueillit cette demande, et condamna Me Raffin au payement de la somme de 1,500 fr., déjà payée par lui.

Pourvoi en cassation par Me Raffin, et le 16 août 1842, S. 42 1.850, la Chambre civile de la Cour de cassation a rendu l'arrêt suivant :

« Attendu que si dans les cas déterminés par les articles 1942, 1356 et 1957 du Code civil, le dépositaire est valablement déchargé, lorsqu'il a res-

titué le dépôt à celui qui a été indiqué pour le
recevoir, c'est seulement lorsque cette restitution
a été faite du vivant du déposant; — qu'il en est
autrement si le déposant meurt avant que le dépôt
ait été restitué à la personne indiquée; que, comme
dans ce cas, il n'a jamais cessé d'être propriétaire
de la chose déposée, et que d'ailleurs le dépôt
pourrait cacher de sa part des dispositions prohi-
bées, l'article 1939 exige qu'il soit restitué à ses
héritiers; — Attendu d'ailleurs qu'un tel dépôt
serait nul et également restituable aux héritiers du
déposant, si on le considérait comme donation
entre-vifs, puisqu'il n'aurait pas été fait dans les
formes exigées pour ces sortes de donations, et
qu'il n'aurait été accepté du vivant du déposant,
ni pu l'être après son décès; qu'il serait encore
nul si on le considérait comme donation à cause
de mort, puisqu'il n'aurait pas non plus été revêtu
des formalités exigées pour les dispositions de dernière volonté;

«Attendu, dans l'espèce, que d'après la déclaration de Raffin, la veuve Coulondre lui avait confié
en dépôt la somme de 1,500 fr., en le chargeant
de la remettre, après sa mort, aux héritiers de
son mari, et qu'il se serait conformé aux intentions
de ladite veuve; attendu que le Tribunal de Montpellier a jugé que le décès de cette dernière étant
arrivé, Raffin aurait dû restituer la somme déposée

non pas aux personnes indiquées par elle , mais à ses héritiers , et qu'il l'a condamné à restituer à ceux-ci ; qu'en ce faisant , il n'a ni violé les articles 1924, 1356 et 1937, ni faussement appliqué l'article 1939, Code civil , rejette, etc »

Mais de graves difficultés se sont élevées sur la question de savoir si les notaires sont dans tous les cas contraignables par corps pour la restitution des sommes à eux confiées.

Aux termes de l'article 2060 , § 7, du Code civil , les notaires sont contraignables par corps pour la restitution des sommes à eux confiées *par suite de leurs fonctions.*

Ces dernières expressions supposent une distinction bien naturelle entre les sommes que le notaire reçoit comme officier public, spécialement préposé à cet effet , ainsi les droits d'enregistrement qu'il est personnellement tenu d'acquitter, le montant d'effets protestés ou de ventes publiques de meubles ; et les sommes qui lui sont remises en dépôt par suite de la confiance personnelle qu'il inspire. Dans le premier cas , la loi devait donner aux parties intéressées la garantie de la contrainte par corps contre le fonctionnaire qu'elle lui imposait. En forçant sa confiance , elle devait le prémunir contre l'homme qui pouvait la trahir.

Mais , lorsqu'il s'agit de simples dépôts volontaires faits en dehors de la nécessité légale , la partie qui a suivi la bonne foi du notaire ne peut s'en prendre qu'à elle-même de la confiance qu'elle a mise en lui, et ne saurait user d'un droit rigoureux en lui-même, et dont la loi a soigneusement restreint l'exercice.

Cette distinction si rationnelle a été néanmoins méconnue par la Cour de cassation dans un arrêt du 20 juillet 1821, D. 1822 1.219, et par la Cour de Lyon dans un arrêt du 3 février 1830, S. 30 2.122, basé sur les motifs suivants:

« Attendu qu'aux termes de l'article 1er de la loi du 25 ventôse an XI, les notaires ont été établis pour recevoir les actes et les contrats auxquels les parties doivent ou veulent donner le caractère d'authenticité; attendu que du droit de recevoir des obligations, les notaires ont fait dériver celui de s'occuper de placements d'argent, qu'ils constatent ensuite par des obligations, et qu'ainsi ces placements sont effectués par eux en vertu des attributions que leur confère l'article 1er de la loi du 25 ventôse an XI; attendu que dès qu'il est reconnu que les sommes que l'on dépose chez les notaires pour en faire le placement, leur sont confiées par suite de leurs fonctions, on doit en conclure que ceux qui les leur remettent deviennent leurs clients, et que par conséquent, en vertu des dispositions de l'article 2060 du Code civil, les notaires qui reçoivent ces sommes sont contraignables par corps pour leur restitution....»

La cour de Paris a résolu la question dans le même sens, mais en se basant sur d'autres motifs.

Arrêt du 6 janvier 1832, S. 32 2.149. Elle a cru devoir appliquer l'article 408 du Code pénal, relatif à la violation du dépôt, et elle a décidé que, pour la réparation civile du préjudice résultant d'un fait qualifié délit par la loi, la partie lésée peut saisir la juridiction ordinaire, et qu'en ce cas, le mode d'exécution est nécessairement le même que celui qui serait ordonné par la juridiction criminelle; qu'aux termes de l'article 52 du Code pénal, la contrainte par corps a lieu pour toute restitution au profit des parties civiles.

Mais cet arrêt, déféré à la censure de la Cour suprême, a été cassé le 18 novembre 1834, S. 34 1.777.

« Attendu que la contrainte par corps, en matière civile ne peut être ordonnée par les Tribunaux civils que dans les cas déterminés par la loi, que le dépôt volontaire n'est pas compris dans ces cas; qu'en considérant donc les sommes remises par Gambier à Barre, comme l'ayant été à titre de dépôt volontaire, la contrainte par corps ne pouvait être attachée à la condamnation à la restitution de ces sommes; d'où il suit qu'en prononçant cette contrainte la Cour royale de Paris a faussement appliqué et par suite expressément violé les articles 2059, 2060, 2061, 2062 du Code civil;

« Attendu d'ailleurs, que la même Cour qui,
en l'absence d'un texte formel dans la loi civile,
a eu recours aux dispositions du Code pénal pour
voir un délit dans les faits de la cause, et pour prononcer la contrainte par corps contre Barre, a
transformé sa juridiction en correctionnelle, de
civile qu'elle était; ce qu'elle n'a pu faire sans ex-
céder les limites de sa compétence, et sans faussement appliquer et sans violer les articles 52 et
408 du Code pénal, casse.»

Appelée de nouveau à décider la question, la
Cour royale de Paris a modifié sa jurisprudence,
et s'est rangée à l'opinion de la Cour de Lyon
dans deux arrêts des 26 janvier et 31 juillet 1835,
S. 35 2.100 et 521. On peut voir aussi dans le
même sens un arrêt de la Cour de Douai, du 29
mai 1839, *Cont.*, an 1839, p. 187, art. 5507.

Il résulte de ces autorités que les notaires seraient
contraignables par corps pour la restitution des
sommes qu'ils ont reçues pour leurs clients et de
leurs clients par suite de leurs fonctions, ce qui
comprend tout ce qui leur est déposé en conséquence de la confiance personnelle qu'ils inspirent.
Ce système est-il fondé en droit? Il est permis d'en
douter.

« La loi, dit le rapport au Tribunat, prononce
la contrainte par corps contre ceux de ses agents
qu'elle a revêtus d'un caractère public ; et à qui le

bien général de la société l'a déterminé à conférer l'exercice exclusif de certaines fonctions. Tels sont les notaires....., il faut que la foi publique soit gardée. Puisque la loi a cru devoir gêner mon choix ou le circonscrire dans une certaine classe d'hommes, il est juste qu'elle m'offre tous ses moyens et toute sa garantie. »

Il résulte bien évidemment de ces expressions contenant la pensée du législateur, que la contrainte par corps ne peut avoir lieu si ce n'est dans le cas où les sommes ont été touchées par le notaire comme officier public, lorsque lui seul avait qualité pour les recevoir ; mais en matière ordinaire, et lorsque tout autre que le notaire eût pu être dépositaire, que ce n'est pas en vertu de son caractère public, mais de son caractère personnel et privé qu'il a reçu le dépôt, il n'y a pas même raison de donner aux parties cette garantie exceptionnelle et de droit étroit, que la loi a voulu resserrer dans des limites restreintes.

C'est dans ce sens que s'est prononcée la doctrine. Dalloz, t. 3, 725, 8°, décide que tout dépôt qui n'aurait pas été fait au notaire à cause de sa qualité d'officier public, tout recouvrement de fonds qui ne serait pas une suite nécessaire de ses fonctions, ne donnerait pas lieu contre lui à la contrainte par corps, et il cite pour exemple le cas où le notaire aurait touché une somme d'argent pour son client, en vertu d'une procuration qui aurait pu être confiée à tout autre, et le cas de dépôts volontaires de deniers qui lui auraient été faits.

Le principe est donc bien certain, et ce qui a pu jeter quelque incertitude dans l'esprit des juges sur son application, c'est d'abord la considération que les dépôts d'argent qui sont faits à des notaires ont pour cause la confiance résultant du caractère dont ils sont revêtus ; en second lieu, que le notaire qui abuse de la confiance de ses clients est plus répréhensible qu'un autre, puisque la nature même de ses fonctions lui commandait plus de probité et de délicatesse.

Mais il faut observer sur la première considération que cette confiance, résultant d'un caractère auguste et public, peut s'appliquer aussi bien aux magistrats, aux ministres du culte et aux fonctionnaires publics en général, et on ne pourrait cependant les déclarer contraignables par corps pour la restitution des sommes qui leur auraient été confiées à cause de leur caractère public, mais non par une suite nécessaire de leurs fonctions. Sur la seconde considération, que quelque louable que soit la tendance des Tribunaux, quand elle a pour objet de réprimer des fautes attentatoires à l'honneur et à la dignité d'un corps honorable, et de ramener le notariat à une discipline régulière, il n'en est pas moins vrai que cette tendance peut dégénérer aussi en arbitraire, quand elle ne s'exerce pas dans un cercle légal ; que les Tribunaux sont chargés d'appliquer et non de refaire la loi ; et qu'il appartient essentiellement aux Chambres de discipline d'avoir l'œil ouvert sur tous les actes de la vie des notaires, et de les rappeler à l'observation du devoir, aujourd'hui surtout que l'ordonnance du 4 janvier 1843 a donné une nouvelle vie à l'organisation et au pouvoir disciplinaire de ces Chambres.

SECTION III.

Des notaires considérés comme mandataires. — Placements de fonds.

Quand les notaires se bornent à exercer le ministère que la loi leur a dévolu, à authentiquer les conventions des parties, et à donner la forme probante aux actes qui les réalisent, ils ne sauraient, sans aucun doute, être recherchés à raison des conséquences de ces actes. Mais, quand ils sortent de la sphère de leurs attributions, et que franchissant le seuil de leur cabinet, ils vont solliciter les affaires au lieu

de les attendre chez eux, ils ne calculent pas
tous les inconvénients auxquels ils s'exposent :
d'abord inconvénient moral, puisque le notariat
doit nécessairement perdre de sa considération,
dès l'instant où les études sont transformées en
bureaux d'agence. Aussi malheur à ceux qui
ont donné les premiers ce funeste exemple : honneur, au contraire, à ceux qui sont restés fer-
mement attachés aux traditions anciennes et ont
toujours su, par leur capacité et une probité
digne et sévère, attirer à eux la confiance et
l'estime publique! Tel est encore heureusement,
il faut le reconnaître, l'esprit général du notariat,
de tous les membres de l'institution, et ils sont
nombreux, qui ne songent pas à l'exploitation
pécuniaire d'un titre, mais à la considération
qu'il doit leur procurer, et malgré quelques abus
dont il a été fait d'ailleurs prompte justice,
cet esprit ne s'effacera pas surtout en présence
des sages dispositions de l'ordonnance du 4 janvier 1843, relative à la nouvelle organisation
disciplinaire du notariat.

Ensuite, un inconvénient matériel a suivi la
nouvelle voie dans laquelle sont entrés quelques
notaires : une source de responsabilité inconnue
autrefois a surgi depuis quelques années, et
menace à chaque instant la fortune et le crédit
des notaires. C'est principalement en matière de

placements de fonds, que de nombreuses décisions judiciaires ont accablé le notariat de condamnations à des dommages-intérêts. Les préventions
hostiles que quelques catastrophes déplorables,
mais bien exceptionnelles, ont suscité contre
cette institution, n'ont pas peu contribué à étouf-
fer toutes les règles de justice et d'équité, et
on en est même venu au point de croire vul-
gairement que pour cela seul qu'un notaire fait
un placement, il est soumis à une responsabilité
absolue vis-à-vis du prêteur (1). Il importe donc
de ramener les décisions multipliées et contradictoires de la jurisprudence moderne à des principes certains et basés sur une interprétation
exacte et équitable de la loi.

Remarquons d'abord que ce n'est pas en leur
qualité d'officiers publics, que les notaires peuvent être recherchés en matière de placement de
fonds, et que les lois spéciales qui les concernent
ne peuvent être invoquées à cet égard. Aussi,
est-ce par l'action du mandat ou du quasi-contrat
de gestion d'affaires qu'ils ont dû être légalement
actionnés. Il faut donc se référer aux règles de
ces contrats pour déterminer les limites de la
responsabilité qui peut en être la conséquence.

---

(1) V. *Journal du notariat*, 21 février 1842, n° 450.

Le mandat ou procuration est un acte par lequel une personne donne à une autre le pouvoir de faire quelque chose pour le mandant et en son nom. — Le contrat ne se forme que par l'acceptation du mandataire. (C. c., 1984.)

Il peut être donné par acte authentique ou sous seing privé, ou même verbalement.

On reconnaissait aussi, en droit romain, un mandat tacite résultant de ce fait que le mandataire avait géré les affaires d'une personne sans opposition de sa part. On a refusé, sous l'empire du Code civil, d'admettre cette espèce de mandat, et les auteurs ont fait rentrer le fait qui y donnait naissance dans le quasi-contrat de gestion d'affaires. Mais il importe peu, puisque les effets de ce quasi-contrat sont les mêmes que ceux du mandat, et que dans notre droit actuel, toutes les actions sont de bonne foi, quelque dénomination qu'on leur donne et n'admettent pas la même division que celle des Romains. (C. c., 1372; Toull., Dur., Delvin., Roll. de Vill. etc.)

Toutefois il faut soigneusement distinguer, avec les anciens commentateurs, le mandat proprement dit du simple conseil : le premier suppose l'intention de s'obliger ; le second, au contraire, éloigne toute idée d'obligation conventionnelle : il laisse la liberté entière de faire ou ne pas faire ce qui est conseillé, et celui qui reçoit le conseil ne s'attend pas naturellement à ce qu'on réponde de ses suites, à moins cependant qu'il n'y ait dol ou fraude : *Consilii non fraudulenti nulla est obligatio.* L. 47 D. *de reg. jur.*; Vinnius, l. 3, t. 27 *com.* § 3 ; Heineccius, *Recit.* 962 ; Domat, *Lois civ.*, t. 15, sect. 2, 13. Cette règle peut souffrir une exception dans le cas où le conseil est suivi d'exhortations telles qu'elles déterminent la volonté, et que sans elles on n'eût pas conclu l'affaire conseillée. Les institutes (Tit. *de mand.*, § 6) citent précisément l'exemple où l'on aurait conseillé de prêter de l'argent à une personne déterminée ; dans cette hypothèse, disent les commentateurs, il semble que celui qui a donné le conseil, ait offert sa garantie personnelle en faveur de la personne désignée, et que le prêteur ait plutôt suivi sa foi que celle de cette personne. Mais on comprend que ce conseil doit avoir un caractère particulier et déterminant, et que celui qui a simplement affirmé la solvabilité de l'emprunteur, ne puisse être légalement obligé. (Vinnius, *comm.* § 6.)

En appliquant ces règles de droit aux placements de fonds, il faut décider que lorsque le prêteur a été présent à l'acte, qu'il a connu ou pu connaître par lui-même la position de l'emprunteur, et que le notaire n'a fait que rédiger l'acte qui constate les conventions des parties, aucun recours ne saurait l'atteindre. Il peut se faire, et il arrive même assez souvent , qu'il est consulté sur la solidité du placement ou qu'il l'indique lui-même comme bon ; mais un conseil donné de bonne foi ne saurait raisonnablement l'obliger , et si le prêteur éprouve plus tard quelque difficulté à obtenir son remboursement, il est lui-même la cause principale du préjudice qu'il éprouve. La jurisprudence est d'accord sur ce premier point.

Sur l'indication de Me Duvant , notaire , et la bonne opinion qu'il donna de la solvabilité du sieur Perier Saint-Denis , le sieur Vaumesle de Livet consentit à prêter à ce dernier une somme de 25,000 fr. Mais l'insolvabilité de l'emprunteur s'étant révélée à la suite de la vente sur expropriation forcée de ses biens, le sieur de Livet, se trouvant primé par un grand nombre de créanciers, actionna Me Duvant en réparation du préjudice qu'il éprouvait et qui avait pour cause l'assertion erronée de ce notaire.

Jugement qui rejette sa demande, et sur l'appel arrêt de la Cour de Caen, du 6 août 1829, qui confirme la sentence des premiers juges. « Considérant que s'il est vrai de dire que dans cette affaire l'intimé n'a pas mis dans sa conduite la modération et la prudence que lui imposait sa qualité de notaire, il ne résulte point

pourtant des circonstances révélées par l'instruction des motifs suffisants, pour qu'il doive être
réputé responsable de la perte qu'éprouve Vaumesle de Livet; que sans doute celui-ci est à
plaindre de ne point obtenir le recouvrement
d'une somme qu'il a versée; mais que néanmoins
il ne peut aussi se dissimuler qu'il n'a pas mis
dans cette affaire toute la précaution que méritait le placement d'une somme aussi importante,
et qu'il a eu le tort grave de laisser à des tiers
la vérification des faits dont il devait par lui-
même prendre connaissance. »

Le pourvoi contre cet arrêt a été rejeté par
la Cour de cassation, le 25 août 1831, S. 32
1.307, et la doctrine qu'il consacre repousse
suffisamment ce système commode, par lequel
on voudrait faire peser sur les notaires la responsabilité d'un placement, par cela seul qu'ils
l'ont indiqué ou même conseillé de bonne foi.

La Cour de Paris a confirmé cette jurisprudence dans quatre espèces successives.

1re *Espèce*. — La demoiselle Ferton, depuis
épouse Wilson, voulant faire le placement d'une
somme de 30,000 fr. qu'elle possédait, s'adressa
à Me Berthinot, notaire à Paris, qui lui présenta comme emprunteur le sieur Appert, un
de ses clients : les immeubles offerts par ce

dernier, quoique déjà grevés de 170,000 fr. d'inscriptions, étaient évalués à 360,000 fr. et paraissaient plus que suffisants pour répondre de la somme prêtée : dans cette confiance, la demoiselle Ferton prêta les 30,000 fr. ; mais postérieurement et à suite de la vente des biens hypothéqués, le prix ne s'étant élevé qu'à 150,000 fr. elle perdit le montant intégral de sa créance. Elle crut alors pouvoir exercer un recours contre Me Berthinot, qu'elle qualifiait son mandataire, pour la faute par lui commise dans l'exécution du mandat, en ne s'assurant pas exactement de la valeur des biens offerts en garantie. Jugement du Tribunal de la Seine, qui repousse sa demande: « .... Attendu qu'il n'est pas suffisamment établi que la dame Wilson s'en soit reposée entièrement sur le soin et sur la surveillance de Me Berthinot, pour s'assurer de la valeur de l'immeuble qui devait lui être donné en hypothéque, ni que ledit Me Berthinot se soit constitué le mandataire de la dame Wilson pour autre chose que ce qui dérivait directement de la nature de ses fonctions comme officier instrumentaire ; — Attendu que Me Berthinot n'a pas délivré les fonds avant de s'être assuré de l'état de toutes les charges qui grevaient l'immeuble, et que connaissance en a été donnée à la dame Wilson; — Attendu que tout ce qui tient à une plus ou moins exacte appréciation de l'immeuble affecté ne peut entrer dans les strictes obligations du notaire instrumentaire, à moins qu'il n'apparaisse d'un mandat qu'il aurait accepté à cet égard ; — Qu'ainsi Me Berthinot ne peut être responsable de ce que les immeubles dont il s'agit n'ont point été portés à une valeur suffisante, pour que la dame Wilson vienne en ordre utile... Par ces motifs, le Tribunal déboute les sieur et dame Wilson de leur demande. »

Appel et le 22 mai 1832, S. 32, 2.459, arrêt confirmatif de la Cour royale de Paris.

2e *espèce.* — Par acte du 8 février 1826, passé devant Me Narjot, notaire à Paris, le sieur Lucet prêta aux époux Bonnesœur une somme de 7,000 f., pour sureté de laquelle le mari hypothéqua ses biens, et la femme consentit une subrogation dans son hypothèque légale. Mais cette subrogation était nulle et sans effet, attendu que la dame Bonnesœur était mariée sous le régime dotal ; aussi dans l'ordre ouvert à la suite de la vente des biens du sieur Bonnesœur, le prêteur fût-il primé par l'hypothèque légale de la femme représentée par ses enfants, et ne pût-il venir en ordre utile.

En cet état, le sieur Lucet assigna Me Narjot comme mandataire responsable du préjudice qu'il éprouvait.

13 mai 1831, jugement du Tribunal de la Seine qui accueille la demande de Lucet. « Attendu qu'il résulte de la comparution des parties à l'audience que Narjot a laissé ignorer à Lucet que la dame Bonnesœur était mariée sous le régime dotal ; que chargé de rédiger l'obligation souscrite au profit de Lucet, il devait déclarer dans l'acte par lui dressé la position et la qualité des parties contractantes ; qu'il est résulté de cette omission un préjudice réel pour Lucet, qui n'eût pas assurément consenti à se dessaisir de ses fonds s'il eût eu connaissance du fait qui rendait illusoire la subrogation à lui accordée par la dame Bonnesœur; — Attendu que quiconque porte dommage à autrui par son fait en doit la réparation ; — Condamne Narjot à payer à Lucet la somme de 4,000 fr. à lui restant due sur l'obligation de 7,000 fr. avec les intérêts. »

Ce jugement ne peut soutenir l'observation critique : tous les principes y sont méconnus ; le Tribunal n'établit pas et ne pouvait réellement établir que le notaire avait agi comme mandataire, et il le condamne néanmoins comme officier public pour une obligation qu'il serait bien difficile de découvrir dans aucune loi, celle de *déclarer dans l'acte la position et la qualité des parties contractantes :* aussi sur l'appel ce jugement a-t-il été réformé entièrement.

« La Cour, considérant qu'il n'est pas établi que Narjot ait agi comme mandataire de Lucet, ni qu'il ait reçu de lui aucun salaire à l'occasion du prêt de la somme de 7,000 f., consenti en février 1826 au profit des sieur et dame Bonnesœur ; que dès-lors Narjot ne peut être tenu de garantir Lucet des conséquences dudit prêt qu'en sa qualité de notaire ; que si Narjot a négligé de faire connaître à Lucet les clauses du contrat de mariage des emprunteurs, et les conséquences qui en résulteraient par rapport à lui, cette négligence ne constitue pas une infraction *aux obligations rigoureuses et spéciales expressément imposées aux notaires par les lois constitutives du notariat*, et ne serait pas assez grave pour entraîner sa responsabilité en sa qualité de notaire, met l'appellation et ce dont est appel au néant ; émendant décharge Narjot des condamnations contre lui prononcées. » (16 août 1832, Cour royale de Paris, S. 32 2.568.)

3e *espèce*. — Un sieur Ingé, boucher, était sur le point d'exercer la contrainte par corps contre Saulnier, son débiteur, lorsqu'il reçut de Me Cheron, notaire, la proposition de suspendre les poursuites, moyennant la souscription par le débiteur d'une obligation notariée avec hypothèque pour sûreté de sa créance. Me Cheron indiqua la valeur approximative des biens et leur situation hypothécaire ;

mais il paraît qu'il omit de faire connaître au sieur Ingé que le prix d'une maison achetée par le sieur Saulnier, par contrat passé dans son étude, n'était point encore payé ; quoi qu'il en soit et par suite d'insuffisance des biens de son débiteur, Ingé n'ayant pu recouvrer le montant de sa créance, actionna Me Cheron en garantie.

Jugement du Tribunal d'Etampes qui admet la demande sur le fondement que, s'il est vrai qu'en sa qualité de notaire, Me Cheron ne fût pas tenu personnellement de déclarer le privilége à Ingé, il n'est pas moins vrai de dire que cette excuse a cessé de pouvoir être invoquée par Me Cheron, dès que se constituant l'intermédiaire entre Saulnier et Ingé, ses clients, il engageait ce dernier à discontinuer ses poursuites contre Saulnier, en lui présentant la position de celui-ci comme bonne, quoiqu'il eût personnellement la certitude du contraire.

Ce jugement était plutôt, comme on l'a dit devant la Cour, une décision de moralité qu'une décision basée sur la loi. Or, remarquons en passant combien il est dangereux de n'envisager les questions de la nature de celle qui nous occupe qu'à travers le prisme de la morale. Où trouver, si ce n'est au fond de sa conscience et en soi-même, le moyen de concilier deux obligations morales coexistantes ; une franchise entière dans les affaires et les ménagements dus à un débiteur malheureux, dont le crédit peut être compromis sans retour par la moindre révélation imprudente ? Or, Saulnier était le client habituel de Me Cheron, et si ce dernier touché de sa position malheureuse a voulu le soustraire à des poursuites qui n'auraient fait que l'aggraver encore, sans résultat pour le créancier, s'il a cru en conscience donner à ce dernier une sûreté suffisante, comment lui reprocher sa conduite, lorsque d'ailleurs il n'a employé aucun moyen frauduleux pour induire Ingé en erreur, et lorsque ce dernier avait le moyen de s'assurer par lui-même de la valeur des biens offerts en gage, et des charges qui pouvaient les grever ; de pareilles appréciations sont très délicates, et elles échappent nécessairement aux Tribunaux humains. Aussi, nous ne saurions admettre le dernier considérant de l'arrêt de la Cour, qui tout en réformant le jugement ci-dessus, condamne néanmoins Me Cheron aux dépens pour une faute qui, si elle n'est pas assez grave pour entraîner sa responsabilité, l'a mis au moins, dit la Cour, dans la nécessité de se justifier. Voici cet arrêt :

« Considérant que la créance d'Ingé sur Saulnier était le résultat d'opérations de commerce et de fournitures de marchandises auxquelles le notaire Cheron était étranger ; que l'acte du 8 mars 1824 avait dès-lors pour objet de constater une dette préexistante, et d'en garantir autant qu'il était possible le payement sur les facultés immobilières du débiteur.

« Considérant que rien n'établit que, lors de la passation de cet acte, l'officier instrumentaire ait *reçu mission* de s'assurer soit de la valeur des biens donnés en hypothèque, soit même des charges qui pouvaient les grever ; que d'ailleurs la totalité des biens de Saulnier a été affectée à la dette d'Ingé ; et qu'enfin si le recouvrement de cette dette est devenu impossible par la voie hypothécaire, c'est uniquement parce que l'intégralité du prix était absorbée par des créanciers antérieurement inscrits ; qu'il suit de là que Cheron ne pouvait être déclaré responsable de ce que la créance d'Ingé ne venait pas en ordre utile ; considérant enfin que les renseignements trop inexacts, donnés par le notaire Cheron sur la situation du débiteur lors de l'échéance de l'obligation, constituent une faute qui l'a placé dans la nécessité de justifier sa conduite, et doit ainsi donner lieu à une compensation des dépens; — infirme ; au principal déboute Ingé de sa demande contre Cheron, tous dépens compensés. » (26 janvier 1833, Cour royale de Paris S. 33 2.157.)

4° *Espèce.* — Le sieur Grenuz s'était porté

caution solidaire d'un prêt fait par le sieur Connan aux époux Boucher, et pour sûreté de son cautionnement, il avait hypothéqué une maison par lui acquise, mais dont il n'avait pas encore payé le prix.—L'acte fut reçu par M. Bernard, notaire à Paris, qui négligea de demander au sieur Grenuz la représentation de la quittance du prix d'acquisition de sa maison. — Depuis lors, cette maison passa entre les mains de divers acquéreurs.

Cependant les vendeurs du sieur Grenuz qui n'étaient pas encore payés, demandèrent par ce motif la résolution de la vente tant contre le premier acquéreur que contre ses acquéreurs successifs. — En cet état, le sieur Connan, dont l'hypothèque devenait illusoire si la résolution de la vente était prononcée, actionna Me Bernard (ou quoique soit ses héritiers) comme responsable du défaut de solidité de l'hypothèque stipulée dans l'acte de cautionnement.

Jugement du Tribunal civil de la Seine qui, par diverses considérations de fait, repousse l'action en résolution de la vente, et déclare en conséquence, sans objet l'action en responsabilité contre les héritiers du notaire Bernard. — Appel.

La Cour : « en ce qui touche l'action en résolution de la vente.... l'arrêt prononce cette résolution pour défaut de payement du prix, et

par suite annulle toutes aliénations ultérieures,
ainsi que l'hypothéque du sieur Connan ;

« En ce qui touche la demande en garantie
formée par Connan contre les héritiers de Bernard, notaire; considérant que ce dernier a reçu
l'obligation consentie envers le créancier Connan
sous le cautionnement solidaire de Grenuz avec
transport d'une partie du prix de la revente
par lui faite de la maison dont il s'agit, et subrogation dans l'effet de l'inscription prise d'office
sur ladite vente ; mais que ce notaire ne pourrait être responsable de la caducité ou de la
réduction de l'hypothéque relative auxdites inscription et subrogation, qu'autant qu'il aurait
été le conseil (1) du prêteur, ou qu'il aurait
commis une faute grave relativement à l'acte de
son ministère au préjudice de ce dernier, ce
qui n'existe point dans l'espèce ;.... (27 novembre 1834 — Cour royale de Paris — S. 35
2.141.)

Il résulte de cette jurisprudence, en tout conforme aux principes, que les notaires ne peuvent répondre des suites d'un placement de fonds
opéré par leur ministère, quand ils se sont ren-

_____

(1) Ce mot doit être pris dans le sens de mandataire tacite.

fermés dans le cercle de leurs attributions légales,
et n'ont fait que rédiger les conventions des
parties, quoique d'ailleurs ils aient proposé ou
même affirmé la bonté du placement ; car, en
thèse générale, cette simple affirmation donnée
de bonne foi ne peut les engager. Cette doctrine
est la conséquence de la règle équitable qui veut
que les notaires, en tant qu'officiers instrumentaires, répondent de leurs actes, mais non des
suites préjudiciables qu'ils peuvent avoir pour
les parties.

Il en est autrement quand le notaire a reçu
et accepté un mandat spécial de la part d'une
personne ayant des fonds à placer, ou qu'il
s'est interposé spontanément entre cette personne et l'emprunteur, et l'a déterminée et
engagée à faire un placement ; nul doute qu'il
ne soit alors tenu des obligations du mandataire, et qu'il ne doive répondre de sa faute
et de sa négligence, si elle a pour effet de compromettre les droits du créancier. A plus forte
raison quand il y a fraude ou indélicatesse de
la part du notaire. L'appréciation de ces divers
caractères dépend beaucoup des circonstances.

Les espèces suivantes peuvent servir d'exemple :

1re *Espèce.* — Me Ollier, notaire à Toulouse,

avait été chargé par la demoiselle Chrestien de lui procurer le placement d'une somme de 20,000 fr.; il présenta les époux Suau dont la fortune apparente semblait offrir toute sûreté, et dont il négligea cependant de vérifier la position réelle. La déconfiture des époux Suau étant survenue, il fut démontré qu'à l'époque de l'emprunt fait à la demoiselle Chrestien, leurs biens étaient déjà grevés d'hypothèques, qui en absorbaient à peu près la valeur. En conséquence, cette dernière actionna M⁰ Ollier en réparation du préjudice que lui avait causé sa négligence à s'acquitter de ses obligations de mandataire, et à s'assurer de la solvabilité des emprunteurs.

31 juillet 1828, jugement du Tribunal de Toulouse qui accueille la demande de la demoiselle Chrestien. — Appel.

« La Cour, — Attendu que des divers faits constants dans la cause, et notamment des qualités respectives des parties, de la circonstance que la demoiselle Chrestien était étrangère à la ville de Toulouse, de l'avis inséré dans un journal, des détails convenus par Ollier, de ses entrevues avec la demoiselle Chrestien, de l'absence de tous rapports entre celle-ci et le sieur Suau, du choix fait du domicile d'Ollier pour les payements à faire à la demoiselle Chrestien, du soin pris par ledit Ollier, de faire procéder aux inscriptions hypothécaires, de l'élection de domicile faite chez lui, non-seulement pour celle qui a eu lieu dans l'arrondissement de Toulouse, mais même pour celle qui a eu lieu dans l'arrondissement de Muret, il résulte que la demoiselle Chrestien avait donné et que le sieur Ollier avait accepté *le mandat* de placer, par bonne hypothèque, une somme de 20,000 fr.; — Attendu qu'il est constant qu'à l'époque du prêt fait aux époux Suau, et surtout à l'époque des inscriptions prises au nom de la demoiselle Chrestien, les immeubles de ceux-ci étaient déjà grevés d'hypothèques qui en surpassaient la valeur; que c'est ce qui résulte, d'un côté, des ventes qui ont été faites de ces immeubles (seule base que la Cour puisse admettre pour les apprécier, avec d'autant plus de raison que les prêteurs par hypothèque ne peuvent manquer de prévoir la possibilité que la vente des immeubles hypothéqués n'atteignent pas à leur juste valeur), et d'un autre côté, des états des inscriptions existantes; que Me Ollier a donc à se reprocher de n'avoir pas vérifié les titres de propriété, les états des inscriptions, le contrat de mariage et autres titres qui l'auraient éclairé sur la situation des époux Suau; qu'il a aussi à se reprocher le retard de l'inscription hypothécaire prise dans l'arrondissement de Muret; — Qu'il a donc, dans l'exécution du mandat, commis une faute grave qui le rend passible de dommages-intérêts envers la demoiselle Chrestien........ » (30 mai 1829, Cour royale de Toulouse, S. 30 2.144.)

2e *Espèce.* — Le sieur Faraud, vieillard presque octogénaire, avait placé une somme de 6,000 fr., fruit de ses économies, entre les mains de la dame Agaisse. Le placement était fait pour cinq ans avec la condition que l'emprunteur ne pourrait se libérer avant l'échéance sans le consentement du créancier. Cependant on prétendit que Me T...., rédacteur de l'acte d'obligation, avait déterminé le sieur Faraud à accepter son remboursement avant l'époque de l'échéance, lui persuadant qu'il ne pouvait s'y refuser; qu'il l'avait en même temps engagé à prendre pour nouvel emprunteur le sieur Desplantes; que le notaire se chargea seul de cette opération, reçut les fonds et assura le sieur Faraud de la solvabilité de Desplantes.

Quoi qu'il en soit, Me T..., actionné postérieurement comme responsable du défaut de solidité du placement, fut condamné en première instance. — Appel.

« La Cour, considérant qu'un notaire n'est, sans doute, responsable que de la rédaction de ses actes, et des conséquences que ces actes peuvent entraîner, quand il a eu la sagesse de se renfermer dans l'exercice de son ministère; mais qu'il ne saurait en être ainsi, quand au lieu de se borner à donner la forme authentique aux volontés des parties contractantes, et à les aider de ses conseils, il se rend, pour préparer et conclure la convention elle-même, soit l'entremetteur des deux parties, soit l'*agent* ou le *mandataire* de l'une d'elles; — Que dans ce cas, le notaire, sortant des attributions que la loi lui assigne, se soumet aux obligations qui dérivent de la gestion d'affaires ou du mandat, et devient responsable des fautes qu'il a pu commettre dans ses agissements (art. 1372 et 1992, Cod. civ.); en fait, considérant qu'il est appris au procès, tant par les pièces produites que par les aveux émanés des parties, dans leur comparution en première instance et en appel, que Me T.... s'était rendu, pour le placement de fonds dont il s'agit, l'agent du sieur Faraud, comme il était aussi l'agent du sieur Bodin Desplantes, emprunteur; — Que cette vérité résulte notamment : 1° du versement des fonds chez Me T..., avant l'acte de prêt, 2° de la circonstance que Me T..... avait aussi, dès avant l'acte de prêt, disposé de ces fonds dans l'intérêt de sieur Desplantes, sans que rien constate que Faraud eût consenti à cette disposition anticipée; 3° des élections de domicile en son étude faites par lui au nom du sieur Faraud, non-seulement dans ses bordereaux d'inscription hypothécaire, mais encore dans l'acte pour le

payement des intérêts et même du capital ; —
Considérant que ces circonstances corroborent les
inductions tirées de l'âge avancé de Faraud , de
son incapacité pour apprécier la position réelle
du sieur Desplantes, de ses relations antérieures
avec Me T..., enfin de la confiance qu'il avait en
lui , et que le tout forme un faisceau de preuves
qui ne permet pas de douter un instant que Faraud
s'en soit rapporté entièrement aux agissements
dudit T.... ; — Considérant que celui-ci chargé
des intérêts de Faraud eût dû apporter tous ses
soins à leur conservation , et que cependant loin
d'avoir agi avec prudence , il a commis plus d'une
faute grave dans la direction de l'affaire qui lui
était confiée ; — Considérant , en effet , qu'il paraît
constant que Me T..., quoi qu'il en dise, ne vérifia
pas avant l'acte de prêt l'état des inscriptions
hypothécaires pesant sur le sieur Desplantes ; —
Que s'il avait vérifié cet état , il serait plus inexcusable encore d'avoir non-seulement laissé Faraud
prêter au sieur Desplantes , mais même d'avoir
indiqué celui-ci comme un emprunteur offrant
toute garantie , lorsqu'il était facile de se convaincre , par le dépouillement des hypothèques
dont il était grevé , qu'au 7 mars 1831, date du
prêt , la valeur de ces immeubles était plus qu'absorbée...; considérant que les torts du sieur T...,
ou au moins sa négligence , ont été d'autant plus

grands, qu'il n'eût pas dû ignorer, outre le défaut de sûreté hypothécaire, l'état inquiétant des affaires du sieur Desplantes dont il était l'agent;.... considérant que T.... qui n'ignorait pas ou n'eût pas dû ignorer le double danger de la situation de Desplantes, devait empêcher Faraud de sacrifier ses économies en les livrant à un débiteur insolvable, et que loin de là, c'est lui qui a indiqué le sieur Desplantes comme un emprunteur de toute satisfaction; — Qu'en agissant de la sorte, il s'est rendu responsable du préjudice éprouvé par Faraud et que c'est avec juste raison que le Tribunal l'a condamné à subir la conséquence de sa faute, — déclare Me T.... sans griefs dans son appel......»

(9 juillet 1834 — Cour royale de Rennes, S. 35 2.105.)

3e *Espèce*. — Le texte de l'arrêt fait connaître suffisamment les faits de la cause.

«La Cour, — considérant en droit qu'aux termes de l'article 1382, Code civil, tout fait quelconque de l'homme qui cause à autrui un dommage, oblige celui par la faute duquel il est arrivé à le réparer; — Considérant en fait, qu'il est justifié que L..., au lieu de se renfermer dans ses fonctions de notaire, a été le négociateur du prêt consenti par Victor Fouaux au sieur Delfaut et à Marie Vilaine; que cette circonstance doit assumer sur lui une responsabilité plus rigoureuse , s'il est prouvé qu'il y a faute à lui imputer ; — Considérant qu'il résulte des pièces produites et des circonstances de la cause que L...., qui était le notaire habituel des emprunteurs connaissait parfaitement leur solvabilité et la nature des relations qui existaient entre eux ; qu'il n'ignorait pas que Marie Vilaine était la domestique de Delfaut ; que la procuration à son rapport du 5 juin 1834, par laquelle ladite Marie Vilaine donnait pouvoir à Delfaut de gérer les biens immeubles qu'elle était censée avoir acquis antérieurement par plusieurs actes à son rapport, avait dû nécessairement lui faire naître des doutes graves sur le peu de sincérité de ces actes , comme l'a démontré plus tard le procès intenté par la veuve Delfaut à Marie Vilaine ; — Que d'autre part, il ne pouvait ignorer que Delfaut avait été percepteur des contributions dans une commune voisine de Nantes ; qu'il était séparé de biens d'avec sa femme ; que par suite , cette dernière avait des reprises considérables à exercer contre lui , pour lesquelles elle avait hypothèque légale , et que les biens dudit Delfaut étaient grevés d'inscriptions hypothécaires pour des créances excédant 100,000 fr...; considérant que c'est dans cette connaissance qu'avait L....., qu'il écrit le 10 septembre 1834, au sieur Fouaux dont il était aussi le notaire habituel et avait toute

la confiance, pour lui proposer un bon placement
de 2,800 fr.; que c'est sur cette assurance que les
fonds furent remis dès le lendemain à Delfaut et à
Marie Vilaine, avec affectation hypothécaire sur
des biens, dont, comme on l'a dit, tout devait
démontrer au notaire L.... que la fille Vilaine
n'était pas propriétaire sérieux; que dans l'acte
il omet de mentionner la qualité de Marie Vilaine,
celle de domestique chez Delfaut; qu'il y constate
des déclarations fausses, *sachant qu'elles étaient
fausses,* que Delfaut n'a jamais été comptable de
deniers publics; que les biens immeubles et notamment ceux affectés au prêt ne sont grevés d'aucune
hypothèque...; que du rapprochement de tous ces
faits, il résulte une faute lourde équipollente à dol
qui doit le rendre responsable de tout le préjudice
souffert par Fouaux....» (23 décembre 1840, Cour
royale de Rennes...)

Sur le pourvoi en cassation, la Chambre des
requêtes a rendu l'arrêt suivant :

« Attendu que l'arrêt attaqué ayant décidé
en fait que le notaire L... avait commis dans
la négociation de l'acte du 14 septembre 1834,
une faute lourde équipollente à dol, et résultant notamment de l'insertion dans cet acte de
déclarations fausses, sachant qu'elles étaient fausses, une pareille décision ne constitue qu'une
appréciation de faits rentrant dans le domaine

de la Cour et qui échappe ainsi à toute censure.... rejette »

14 décembre 1841, Cour de cass. S. 42 1.143.

Voyez dans le même sens des décisions ci-dessus, les arrêts des Cours de Douai, 22 décembre 1840, S. 41 2.139 ; — de Paris, 18 février 1842, S. 42 2.204.

En conséquence de ce qui précède, il faut reconnaître avec la jurisprudence des Cours royales, que le notaire qui a reçu un mandat spécial de la part d'un prêteur de s'assurer de la solvabilité de l'emprunteur, doit répondre de sa faute et de sa négligence dans l'exécution du mandat, alors surtout qu'il a conseillé le placement de manière à déterminer la volonté du prêteur, ou qu'il a dissimulé sciemment des faits qui auraient pu mettre obstacle à la réalisation du prêt, et dont il avait la connaissance.

Mais, en cas de dénégation, comment le mandat peut-il être prouvé ? il faut distinguer :

S'il est authentique ou sous seing privé, la preuve résulte naturellement du titre qui l'établit;

S'il est verbal, la preuve par témoins n'en peut être faite que conformément aux règles tracées au titre des contrats et des obligations conventionnelles en général (C. c., 1985), c'est-à-dire que la preuve ne peut être reçue au-dessus de 150 fr. que s'il existe un commencement de preuve par écrit ;

Enfin, s'il y a mandat tacite, et c'est celui qu'on invoque ordinairement contre les notaires en matière de placement, la preuve en est tout entière dans les circonstances de la cause : les juges ont le droit de les apprécier pour en induire un mandat donné par le prêteur et accepté par le notaire qui a rédigé l'acte d'obligation; cette appréciation est dans leur domaine, et la Cour de cassation a reconnu leur droit souverain à cet égard, dans un arrêt du 7 mars 1842. S. 42 1.207.

Mais, il faut le reconnaître, les Tribunaux ont usé trop largement de ce droit, et ont induit un mandat tacite des circonstances les plus insignifiantes, telles que l'ignorance des parties en matière de placements, le versement antérieur des fonds chez le notaire, et l'élection de domicile en son étude pour toutes les suites de l'acte, le fait que le prêteur et l'emprunteur ont été étrangers l'un à l'autre jusqu'à la signature de l'acte, et que le notaire a servi d'intermédiaire, etc., etc.; mais toutes ces circonstances ne peuvent attribuer au notaire d'autre qualité que celle de conseil ou d'intermédiaire, à la délicatesse et à la discrétion duquel on croit pouvoir se fier en toute sûreté. Qu'arrive-t-il en effet dans les cas ordinaires? Un client qui a des fonds à placer va trouver son notaire,

et lui fait connaître son intention de les prêter
sur hypothèque ; quelquefois il lui dépose ses
fonds dans la persuasion qu'ils seront plus en
sûreté chez lui : d'un autre côté, une personne
qui a besoin de faire un emprunt, se présente
avec les pièces qui établissent sa position, et
les sûretés qu'il peut offrir ; le notaire les examine et si le placement lui paraît convenable,
il en avise lui-même son client, l'emprunteur
voulant éviter une démarche pénible à son amour-
propre ; le client informé du nom de l'emprunteur peut examiner lui-même sa position, et prendre toutes les informations et renseignements
désirables ; mais le plus souvent il s'en rapporte
à ce que lui dit son notaire, mieux à portée
que lui de connaître la bonté du placement proposé ; et l'affaire se conclut.

Cependant le notaire a pu se tromper de bonne
foi ; il a même pu ignorer ce qu'à la rigueur
il aurait dû savoir ; et si le prêteur vient à
éprouver un préjudice par la suite, il ne devra
s'en prendre qu'à lui-même du mauvais choix
qu'il aura fait, et de la faute qu'il a commise
en plaçant uniquement sa confiance dans celui
qui n'était pas suffisamment éclairé pour le guider
avec sûreté,

Mais où peut-on voir dans ces circonstances
habituelles un mandat donné et accepté, un

contrat synallagmatique qui oblige conventionnellement les parties? Le mandat tacite où le
quasi-contrat de *negotiorum gestorum*, dans lequel
il vient se confondre en droit français, supposent que le gérant a agi sans ordre (·L. 6, § 1,
D. mand.), a administré les affaires du mandant
à sa place, comme il aurait pu le faire lui-même ;
ici, au contraire, le prêteur charge le notaire
d'examiner les titres qu'on lui présente, parce
qu'il ne peut pas le faire personnellement, étranger
qu'il est le plus souvent aux affaires : il demande
conseil au notaire, comme il le demande à un
avocat pour une question litigieuse, au médecin
pour une maladie, au ministre du culte pour
un cas de conscience. Or, l'avocat, le médecin, le ministre du culte, peuvent-ils être réputés
mandataires de ceux qui recourent à leurs lumières spéciales? On n'oserait jamais le soutenir,
et cependant l'assimilation avec les notaires dans
les circonstances ci-dessus prévues est entière.
Remarquons encore que ce n'est pas seulement
en matière de placement de fonds que les notaires sont consultés par leurs clients, mais
encore dans tous les actes quelconques de leur
ministère et dans les actes les plus importants
de la vie des familles : citons, par exemple, les
contrats de mariage, où les notaires sont presque
toujours appelés à faire adopter tel ou tel régi-

me aux futurs époux entièrement incertains sur
un choix qu'ils ne peuvent pas faire, ou telles
modifications qui leur paraissent convenables
d'après la position respective des parties : pourrait-on raisonnablement leur faire supporter
comme mandataires les conséquences d'une erreur préjudiciable à leurs clients ? Non sans
doute, car ce n'est pas en cette qualité qu'ils
ont agi ; ils n'ont pas géré leurs affaires, ils
n'ont été que de simples conseils, et n'ont fait
qu'aider de leurs lumières ceux qui y avaient
recours ; ils n'ont pas entendu contracter d'obligation personnelle, s'ils se sont trompés de bonne
foi.

Si le notaire avait placé les fonds de son
client en son absence, un tiers acceptant pour
lui, ou s'il était constaté qu'il l'a déterminé à
faire un prêt à telle personne désignée dont il
a garanti la solvabilité, ou qu'il s'est chargé
seul et personnellement de prendre les précautions et les renseignements nécessaires, il join-
drait alors à sa qualité de conseil celle de *ne-*
gotiorum gestor ou de caution, et il pourrait
être actionné en cette qualité.

Mais, en dehors de ces cas qui doivent être
suffisamment constatés, car une obligation aussi
grave que celle de répondre d'un placement ne
se suppose pas facilement, il faut décider que

les notaires ne sont que de simples conseils, non soumis à aucune responsabilité, quand leur bonne foi n'est pas douteuse.

Indépendamment de sa justesse légale, cette solution est encore indiquée par des considérations morales d'un grand poids ; si par cela seul que les notaires ont servi de négociateur ou d'intermédiaires dans un placement, on voulait les rendre responsables de ses suites, il n'est pas douteux qu'on ne les vît éloigner d'eux peu à peu une mission aussi périlleuse, et refuser leur concours à leurs clients pour des affaires de cette nature. Et dès-lors, il se formerait nécessairement des agents, des espèces de courtiers, pour servir d'intermédiaires entre le prêteur et l'emprunteur ; agents sans caractère public, n'offrant le plus souvent aucune espèce de garantie morale, qui ne se feraient pas faute d'indiscrétions préjudiciables, de renseignements erronés, et de taxations arbitraires. Or, ce fléau a existé et il existe encore ; c'est pour s'y soustraire, qu'on est allé chercher des officiers publics, auxquels la loi a donné toute sa confiance, auprès desquels tous les intérêts doivent trouver une égale protection. Il ne faut pas se le dissimuler, la force même des choses a conduit les notaires à se faire les négociateurs des placements ; en présence de ce fléau des courtiers d'argent, les parties ont bien vite compris qu'il y avait pour elles beaucoup plus d'avantage à s'adresser directement aux notaires ; avantage moral d'abord pour les préliminaires du placement et la discrétion; avantage pécuniaire ensuite, parce qu'elles évitaient les frais d'un circuit inutile et des droits de courtage et de commission ordinairement assez élevés : il importe donc aux parties, qu'en éloignant les notaires investis de leur confiance des négociations de prêts à intérêt, on ne les force pas à recourir à une agence intermédiaire qu'elles ont voulu éviter.

Enfin, l'ordonnance du 4 janvier 1843, concernant la discipline du notariat, dans son article 12, § 6, interdit expressément aux notaires de se constituer garants ou cautions, *à quelque titre que ce soit*, des prêts qui auraient été faits par leur intermédiaire, ou qu'ils auraient été chargés de constater par acte public ou privé. La pensée du législateur a été d'empêcher les officiers publics de compromettre leur position, et de s'exposer à des chances fàcheuses, qu'ils ne doivent pas connaître en se renfermant soigneusement dans l'exercice de leurs fonctions, et ne serait-ce pas méconnaître cette pensée protectrice que d'amener indirectement un résultat identique à celui que l'ordonnance a prohibé directement, et à leur faire supporter comme mandataires une garantie à laquelle ils ne peuvent se soumettre comme notaires.

Ces diverses considérations suffisent pour faire apprécier la jurisprudence de quelques Tribunaux, qui a été poussée dans ces derniers temps jusqu'aux dernières limites de la sévérité. Nous citerons entre autres exemples un jugement du Tribunal de la Seine, du 25 janvier 1842 (*Journ. du not.*, nᵒ 245), intervenu dans l'espèce suivante :

Par acte passé devant Mᵉ N...., notaire, les mariés Houvard ont constitué sur la tête et au profit des sieur et dame Lanfel une rente viagère de 400 fr. au capital de 4,000 fr. Il était dit dans l'acte que cette dernière somme avait été remise à Houvard à la vue des notaires, mais que celui-ci s'engageait à l'employer au payement de partie du prix des immeubles hypothéqués pour sûreté de la rente, afin de faire subroger les crédi-rentiers, dans les droits et priviléges des anciens vendeurs. Cet engagement n'a point été tenu, et faute de justifier d'une subrogation, les sieur et dame Lanfel ne sont pas venus en ordre utile lors de la distribution du prix de l'immeuble hypothéqué.

C'est alors qu'ils ont cru devoir former une demande contre le notaire en raison de la perte qu'ils éprouvaient.

Le Tribunal, — « Attendu que les notaires n'ont

pas seulement pour mission de donner aux actes
qu'ils reçoivent le caractère d'authenticité, mais
qu'ils doivent veiller aux intérêts de leurs clients
et leur faire comprendre la portée des engagements
qu'ils contractent et les chances qu'ils courent
faute de prendre certaines précautions, notamment
s'il s'agit, comme dans l'espèce, de prêt hypothécaire fait par une personne étrangère aux affaires;

« Attendu que la loi organique du notariat ne
contient aucune exception au principe qui veut
que tout fait qui cause à autrui un dommage oblige
celui par la faute duquel il est arrivé à le réparer ;
que les notaires sont donc responsables des fautes
qu'ils commettent dans l'exercice de leur profession, lorsque ces fautes sont assez lourdes, assez
graves pour ne pouvoir être justement excusées;

« Attendu que, lors de la constitution notariée
faite à la date du 26 juillet 1833, d'une rente
viagère de 400 fr. au profit des mariés Lanfel par
le sieur Houvard, moyennant 4,000 f., il a été stipulé dans l'acte que cette somme serait employée,
dans un délai de trois mois, à acquitter le prix de
la maison et du jardin hypothéqués et non encore
payés par le constituant, avec subrogation dans le
droit du vendeur au profit des mariés Lanfel, ce
qui n'a point eu lieu.

« Attendu que N..., au lieu de retenir les fonds
qui avaient été apportés dans son étude, et qui

auraient dû y rester jusqu'à ce que la subrogation promise eût été réalisée, *a laissé remettre* lesdits fonds à Houvard, le même jour *sans insister* auprès de son client, et s'est contenté de faire inscrire la créance au bureau des hypothèques sans aucune mention de la subrogation promise.

« Attendu que, par suite de cette négligence, la créance en question se trouve aujourd'hui perdue.

« Qu'à la vérité Mᵉ N.... prétend que le clerc qui le représentait lors de la passation de l'acte, a insisté pour que les fonds ne fussent pas remis ; et que c'est Lanfel qui a exigé que cette remise eut lieu immédiatement ; mais attendu que ce dernier soutient avoir laissé les fonds par lui apportés sans s'expliquer au sujet de la remise, s'en rapportant à la prudence du notaire à cet égard ;

« Attendu que si *aucun reproche ne peut être fait au notaire N..., sous le rapport de la loyauté,* néanmoins il est responsable des suites de son imprudence grave ;

« Attendu que les mariés Lanfel sont fondés à réclamer la réparation du préjudice qu'ils éprouvent ; que cette réparation doit consister dans la restitution de la somme de 4,000 fr. ou dans la remise d'un contrat de rente viagère de 400 fr. par an, aux conditions stipulées dans l'acte du 26 juillet 1833, avec les sûretés convenables.

« Condamne le notaire N... à payer aux mariés

13

Lanfel la somme de 4,000 fr., si mieux il n'aime leur remettre un contrat de 400 fr. de rente viagère aux conditions stipulées dans l'acte du 26 juillet 1833. »

Avec une doctrine, qui rend ainsi les notaires tuteurs ou conseils judiciaires de leurs clients, qui leur demande compte non-seulement de ce qu'ils ont fait, mais encore de ce qu'ils ont *laissé faire*, sérieusement les fonctions du notariat sont-elles possibles? Eh quoi, par cela seul qu'on aura fait constater par acte authentique une convention qui devient préjudiciable par la suite, on pourra recourir contre l'officier instrumentaire qui ne l'a pas empêché? Excellente ressource pour favoriser la mauvaise foi d'un contractant désappointé, et détruire la force des transactions civiles.

Il ne faut voir dans cette jurisprudence que le résultat de l'impression fâcheuse qu'a laissée dans les esprits la conduite de quelques notaires, et l'influence hostile qui s'est élevée contre le corps entier à la suite de quelques abus, heureusement exceptionnels. Sans doute, on ne saurait frapper d'une trop énergique réprobation ces notaires imprudents, qui méconnaissent le caractère auguste des fonctions dont ils sont revêtus, et compromettent par une négligence coupable ou une conduite téméraire les intérêts des clients qui ont mis en eux toute leur confiance. Mais il ne faut pas, sur des cas heureusement exceptionnels, se passioner contre une institution, qui a offert dans tous les temps et dans la grande majorité de ses membres, des exemples des vertus civiles qu'elle cherche à entretenir dans son sein, et mettre sur la même ligne l'erreur commise de bonne foi et l'intention frauduleuse et coupable. C'est surtout aux magistrats organes de la loi à se montrer inaccessibles à cette influence du moment, et à se placer constamment dans une sphère élevée au-dessus des passions humaines, eux qui sujets aussi à l'erreur, ne sont pas cependant appelés à répondre de ses suites.

Les principes que nous venons d'exposer relativement aux placements de fonds s'appliquent aussi à tous les actes, que les notaires sont dans l'usage de faire pour leurs clients en dehors de leurs attributions légales. Le mandat tacite donné à l'officier public s'établit plus facilement dans ces sortes d'actes, parce qu'ils ont lieu ordinairement en l'absence des parties, et que leur exécution ne laisse aucun doute sur l'acceptation du notaire.

Cela a été jugé notamment en matière de bordereaux d'inscription hypothécaire, par un arrêt de la Cour de Toulouse, du 25 juillet 1835, confirmatif d'un jugement du Tribunal de Montauban, dont les motifs sont rapportés de la manière suivante, au vol. 36 de S. 2.91 :

« Attendu qu'il importe peu de rechercher jus-

qu'à quel point un notaire peut être responsable
pour les actes de son ministère ; qu'il ne s'agit,
dans la cause, que d'un acte évidemment en dehors
des fonctions et des attributions des notaires ; —
Attendu, toutefois, qu'il est d'usage que le notaire
qui retient un acte public conférant hypothèque,
se charge de dresser le bordereau d'inscription qui
en est la suite ; que dans l'espèce Me Latreille
retint, le 13 avril 1825, un acte portant aveu et
reconnaissance de lettres de change pour la somme
de 16,000 fr., consenties avec hypothèque par
Larrieu à Delmas-Grossin ; — Que le lendemain,
15 avril, ce notaire délivra au sieur Delmas-
Grossin, sur sa demande, une expédition de cet
acte jointe au bordereau nécessaire pour aller
sur-le-champ prendre inscription au bureau des
hypothèques de Castel-Sarrazin ; qu'il est constant
que ce bordereau fut fait dans l'étude de Me
Latreille au même moment que l'expédition ; que
le double de ce bordereau fut écrit au dos de cette
expédition et de la même main qui avait écrit celui
signé par Me Latreille ; que s'il est vrai que l'écriture de ces deux bordereaux , non plus que celle de
l'expédition, ne soient pas de Me Latreille, mais
de son fils ou de son clerc, il n'en est pas moins
vrai que ceux-ci sont censés, à cause surtout du
rapprochement et de l'instantanéité de ces actes,
les avoir écrits en son nom, sous sa dictée ou par

son ordre; qu'ils ne sauraient être considérés dans ce cas que comme ses instruments dans son propre ouvrage ; que d'un autre côté, on ne peut douter que M⁰ Latreille n'ait reçu le coût de ces bordereaux ; que cela résulte notamment, à défaut de production, tant des carnets de M⁰ Latreille, du livre de caisse du sieur Delmas-Grossin, que du reçu délivré par *duplicata* à ce dernier par Latreille fils, faisant pour son père, comme il est notoire qu'il avait coutume de le faire ; — Qu'il résulte de tous ces faits et des considérations de la cause, la preuve que Latreille père avait *reçu et accepté le mandat* de faire pour Delmas-Grossin le bordereau d'inscription résultant de l'hypothèque contre Larrieu.... » Le Tribunal considère ensuite que le mandat devant s'interpréter, quant à son exécution, suivant l'intention des parties, il est évident que celle du créancier était d'obtenir un bordereau valable, et qui pût conserver son droit hypothécaire, et que si celui dressé par M⁰ Latreille a été déclaré nul pour vice de forme, ce dernier a commis une faute grave dans l'exécution du mandat ; qu'il ne faut pas distinguer, comme on avait essayé de le faire, entre le bordereau et l'inscription, que si les deux choses sont distinctes, il n'en est pas moins vrai qu'elles ne subsistent que l'une par l'autre, et que Latreille, quoique mandataire pour le bordereau seulement, n'en a pas moins, en remettant un bordereau vicieux, causé la nullité de l'inscription.

La confection des bordereaux d'inscription par le notaire, rédacteur de l'acte conférant hypothèque, étant à peu près générale, il importe de ne pas perdre de vue la responsabilité à laquelle peut exposer une nullité de forme, alors surtout que le notaire repousserait difficilement la qualité de mandataire tacite ou de *negotiorum gestor*.

Cette qualité s'induirait avec plus de fondement encore de la signature qu'on est quelquefois dans l'usage d'apposer au bas des bordereaux : *Pour le requérant*. Cette signature est inutile, et il est plus prudent de s'en dispenser, puisque sans rien ajouter à l'acte, elle peut rendre plus certaine l'application du principe de la responsabilité. Cette observation concerne surtout les clercs des notaires, qui n'ont en réalité travaillé que pour le compte du patron, et qui pourraient plus tard se trouver exposés comme mandataires à une action en dommages, à laquelle ils n'ont jamais entendu se soumettre.

DEUXIÈME DIVISION.

RESPONSABILITÉ INDIRECTE.

SECTION 1re.

Des faits des clercs.

En principe, on est responsable non-seulement du dommage que l'on cause par son propre fait, mais encore de celui qui est causé par le fait des personnes dont on doit répondre....... Les maîtres sont responsables du dommage causé par leurs préposés dans les fonctions auxquelles ils les ont employés. (C. c. 1384.)

Or, il n'est pas douteux que dans tous les cas où les clercs agissent comme préposés du notaire, comme ses mandataires tacites, ce dernier ne doive demeurer responsable de leurs faits. La seule difficulté consiste à déterminer ces cas, qui servent naturellement de limite à la responsabilité du notaire, et en dehors desquels les clercs ne pouvant être réputés ses préposés, deviennent simplement des tiers dont on a à s'imputer d'avoir suivi la foi.

Il paraît raisonnable de circonscrire ces cas dans les choses qui se rattachent directement et nécessairement à l'emploi des clercs. Ainsi, les deniers remis à un clerc pour acquitter les droits d'enregistrement, les pièces qui lui sont confiées pour la rédaction d'un acte, sont censées l'avoir été au notaire lui-même. (Roll. de Vill., *Rép.* v° *clercs*, n° 14.)

Ainsi encore, un notaire peut être déclaré responsable des sommes d'argent confiées à ses clercs, lorsque c'est de son consentement et sur son indication que les dépôts ont eu lieu. C'est ce qui a été jugé dans les deux espèces suivantes :

La première est suffisamment indiquée dans les motifs d'un arrêt de la Cour de cassation, du 2 décembre 1824, S. 25 1.196, qui rejeta le pourvoi contre un arrêt de la Cour de Besançon, du 20 août 1823.

« Attendu qu'il a été déclaré par l'arrêt qu'un projet de souscription pour remplacement de conscrits avait été annoncé par affiches et prospectus imprimés contenant les conditions du traité, avec indication que le projet serait déposé dans les minutes du notaire Gaume, et que ses deux clercs ont donné, en son nom, quittance des sommes à eux payées par les sociétaires; — Que l'arrêt déclare, en outre, que la même opération avait eu lieu les deux années précédentes; qu'il résulte de tous ces faits que Gaume s'est constitué le gérant des intérêts des sociétaires pour la souscription dont il s'agit, et qu'en le déclarant responsable du déficit qui, par le fait des agents préposés par lui, s'est trouvé dans les sommes reçues en son nom, l'arrêt n'est contrevenu à aucune loi, rejette... »

La seconde espèce a été jugée par le Tribunal de la Seine, le 29 novembre 1834; la décision de ce Tribunal recueillie par le *Contrôleur*, an 1835, p. 23, art. 3058, porte :

« Attendu que le sieur Bodereau qui avait, peu de temps auparavant, placé à titre de dépôt une somme de 1000 fr. par le ministère de Mᵉ Grulé, notaire, s'est présenté de nouveau dans son étude et a manifesté l'intention de placer une somme de 2000 fr.; qu'il a été adressé à Gasteau, second clerc; que Gasteau l'a invité à se représenter dans quelques jours pour consommer le placement; — Attendu que le sieur Montigny qui fut alors désigné par Gasteau dans l'étude comme emprunteur, demandait une somme de 6,000 fr.; qu'au jour indiqué pour la rédaction de l'acte, Bodereau trouva dans l'étude le sieur Vénot qui intervenait au contrat

pour une somme de 4,000 fr. nécessaire pour
compléter celle de 6,000 ; que la minute de
l'acte a été rédigée par Gasteau et signée dans
l'étude par les parties, et que les deniers ont
été délivrés dans l'étude comme conséquence nécessaire de la signature de l'acte, que les parties
devaient penser que l'acte recevrait sa perfection
par la signature du notaire, qu'ainsi et d'après
les autres circonstances, Gasteau a agi dans ses
fonctions de second clerc, et qu'ainsi Grulé est
responsable ; condamne Grulé à payer à Bodereau la sommme de 2,000 fr. montant de l'obligation, ensemble les intérèts tels que de droit,
et le condamne en tous les dépens. »

Au surplus, la question de savoir si les clercs
ont agi en qualité de préposés du notaire, est
une question de fait et d'appréciation laissée à
l'arbitrage du juge. Cependant les Tribunaux ne
doivent pas se montrer trop sévères sur ce point,
surtout lorsque la partie lésée n'est pas exempte
du reproche d'imprudence ; si, par exemple, elle
s'est adressée à un simple expéditionnaire qui
ne doit pas être présumé avoir en tout ou en
partie la confiance du notaire.

Les notaires peuvent encore être déclarés responsables de l'exécution d'un mandat donné à
un de leurs clercs, s'il est constaté que celui-ci
n'était qu'un prête-nom, et que le notaire était

le seul mendataire sérieux. Cette décision équitable .est confirmée par un arrêt de la **Cour** d'Orléans, du 7 janvier 1843. S. 43 2.59; *Cont.*, art. 6434.

« La Cour, attendu qu'il résulte de toutes les pièces et documents produits que, soit avant la procuration donnée par Petit-Dumoteux à Brillard, soit au moment où il l'a donnée, soit dans les faits qui l'ont suivie, l'intention manifeste de Petit-Dumoteux a toujours été de constituer le notaire Pardessus comme son véritable mandataire, et que celui-ci a toujours agi et s'est considéré comme le seul chargé de gérer les affaires de Petit-Dumoteux; — Qu'en effet, dès avant 1838, Pardessus avait dressé les différents comptes de tutelle rendus à Petit-Dumoteux, et que depuis cette époque, celui-ci lui avait toujours continué sa confiance et avait correspondu avec lui seul, sans avoir jamais de relations avec Brillard; — Que c'est Pardessus qui a rédigé le modèle de la procuration du 26 janvier 1838, et qu'en l'envoyant au notaire de Nantes chargé de lui donner la forme authentique, il disait dans sa lettre du 20 janvier 1838 enregistrée : Je vous envoie le modèle de procuration qui m'est nécessaire tant pour cette affaire (la recette d'un remboursement de capital) que pour recevoir les intérêts des capitaux. Je

mets cette procuration au nom de mon principal clerc (le sieur Brillard), parce que je ne
pourrais pas figurer comme notaire dans les
actes si j'étais mandataire; que c'est avec la
pleine connaissance que Brillard n'était que le
prète-nom du notaire Pardessus, que Petit-Dumoteux a signé et fait remettre à Pardessus
ladite procuration ; que jusqu'au décès de Pardessus arrivé en 1841, c'est toujours à celui-ci
qu'il s'est adressé pour lui demander soit les
intérèts, soit les capitaux qu'elle donnait pouvoir de toucher; qu'après cette époque, ce sont
encore la veuve et les héritiers Pardessus qui
ont été interpellés par lui de lui verser les fonds
reçus pour lui par leur auteur; qu'il a tellement
considéré que le décès de Pardessus faisait cesser
les effets de la procuration du 26 janvier 1838,
que sans en notifier la révocation au mandataire
apparent qui y était nommé, il s'est empressé
de transférer le même mandat au sieur de Saint-
Vincent par acte authentique enregistré, du 18
août 1841, et qu'en vertu de ce mandat, ce dernier
s'est adressé aux héritiers Pardessus pour en toucher diverses sommes que celui-ci avait reçues pour
le compte de Petit-Dumoteux par suite de la
procuration donnée au nom de Brillard ; qu'il
suit de tous ces faits que Brillard n'a été, du
consentement de Petit-Dumoteux, que le prète-

nom de Pardessus, et que celui-ci est le seul responsable, comme ayant seul géré les affaires de Petit-Dumoteux; considérant enfin que si la dissimulation par laquelle Brillard était constitué mandataire apparent, tandis que le notaire Pardessus restait le mandataire réel, tendait à donner à celui-ci la possibilité de recevoir des actes pour une personne dont il était le véritable représentant, et ce contrairement au vœu de la loi, Petit-Dumoteux a lui-même autorisé cette fraude par le consentement tacite qu'il y a donné; que dès-lors il ne peut s'en plaindre, d'après ce principe que personne ne peut être entendu lorsqu'il allègue sa propre fraude; qu'ainsi il doit subir les conséquences de la simulation qu'il a approuvée, approbation qui résulte des faits ci-dessus déduits.... »

Cet arrêt, statuant sur un cas qui se présente fréquemment dans la pratique, a un grand intérêt pour les clercs de notaire : il est bon qu'ils aient la certitude d'être à l'abri de tout recours ultérieur, quand ils prêtent complaisamment leur nom et leur signature à leur patron pour des actes auxquels ils sont restés entièrement étrangers, et se chargent ostensiblement de l'exécution d'un mandat, dans lequel ils ne se sontimmiscés en rien. Ce résultat est d'autant plus juste, que leur assistance est presque toujours gratuite,

et tout entière dans l'intérêt du notaire auquel
elle donne la possibilité de recevoir lui-même
des actes qu'il serait forcé de passer ailleurs.

Au reste, il est douteux que l'usage dont il
est question, puisse continuer en présence de
l'article 12, n° 7, de l'ordonnance du 4 janvier
1843, et que les notaires auxquels il est interdit par cet article de se servir de prête-nom
en aucune circonstance, pussent contrevenir à
cette prohibition formelle, sans s'exposer aux
peines disciplinaires portées par l'article 13.
Dans tous les cas où les notaires agissent comme
mandataires de leurs clients, il est plus prudent
de ne pas décliner leur qualité, d'intervenir franchement et directement, et de faire recevoir
l'acte par un collègue, ainsi qu'il est d'usage
pour les actes dans lesquels ils comparaissent
en leur nom propre.

SECTION II.

Du notaire en second.

La responsabilité du notaire en second est
suffisamment écartée par cette considération que
dans les actes ordinaires, il n'assiste pas réel-

lement à la passation des actes , et qu'on ne sau
rait par conséquent le rechercher en aucune matière pour un objet auquel il a été complète-
ment étranger.

Mais cet usage , où sont les notaires de faire
signer après coup les actes qu'ils reçoivent par
leurs collègues non présents à la réception , ne
saurait être invoqué par eux , s'il n'était pas
conforme à la loi : car on ne peut se faire un
motif d'excuse d'une contravention , *nemo auditur
turpitudinem suam allegans.* On est donc naturellement amené à l'examen de la question de savoir si les notaires sont tenus d'assister réellement à la passation des actes ordinaires qu'ils
ne signent qu'en second.

La négative a toujours été admise dans la
pratique , et elle est en tout conforme à la saine
interprétation de la loi ; cela résulte :

1° De l'ancienne législation qui avait consacré
cette solution dans plusieurs textes de loi ;

2° De ce qui s'est passé lors de la confection de la loi du 25 ventôse ; un amendement
ayant pour objet d'ajouter à l'article 9 le mot
conjointement, pour exprimer la nécessité de la
présence réelle des deux notaires , a été rejeté ;
et les rédacteurs de la loi ont déclaré d'ailleurs,
dans l'exposé des motifs , que pour tout ce qui
concernait la forme des actes , la loi nouvelle

ne faisait que reproduire les anciennes ordonnances ;

3° De ce qui a eu lieu au contraire lors de
la discussion des articles du Code civil, relatifs
à la forme des testaments solennels; sur l'observation de M. Tronchet, et afin de faire sentir
la différence qui avait toujours existé entre la
forme de ces derniers actes et les actes ordinaires , on inséra dans l'article 972 que le
testament serait dicté *aux deux notaires* et écrit
par l'un deux ;

4° Enfin, de l'usage constant depuis la promulgation de la loi de ventôse, usage qui n'a
aucun caractère d'exception ou de clandestinité,
qui s'est toujours et partout produit au grand
jour, sous les yeux même des magistrats chargés
de maintenir et de faire exécuter les lois.

La doctrine des auteurs est conforme à cette
interprétation ; on peut consulter, à cet égard,
MM. Favard de Langlade , Carnot , Rolland de
Villargues , Duranton , Massé , Locré , Garnier-
Deschênes , Rippert , Augan , Syrieys , et les
auteurs du *Dictionnaire du notariat.*

M. Toullier a voulu soutenir une opinion contraire ; mais sa dissertation contient de graves
erreurs, qui ont été réfutées avec soin par
M. de Vatismenil dans une remarquable con-

sultation sur la question qui nous occupe (1).

La jurisprudence s'est aussi prononcée en général dans le sens de la doctrine ; et la Cour
de Cassation avait, elle-même, reconnu que la
présence réelle du second notaire, n'était pas
exigée à peine de nullité des actes, dans deux
arrêts des 14 juillet 1825 et 7 avril 1833.

Cependant, dans un arrêt du 7 mai 1839,
la Cour est revenue sur sa jurisprudence, et a
admis une solution opposée à celle des deux
arrêts ci-dessus.

Mais les conséquences graves que pouvait
entraîner cette décision, la perturbation générale qu'elle pouvait apporter dans les affaires,
et l'appui qu'elle pouvait prêter à la mauvaise
foi, ont nécessité l'intervention du pouvoir législatif : et la loi nouvelle du 21 juin 1843, sur
la forme des actes notariés, a justifié l'ancien
usage, et lui a donné enfin la consécration
légale.

Il est donc établi aujourd'hui que le notaire en
second n'est pas tenu d'assister à la réception des
actes, auxquels il appose sa signature, excepté
quelques actes solennels déterminés par la loi.

---

(1) Voyez cette consultation dans le *Journal du not.*
du 4 oct. 1841, n° 211.

D'un autre côté, les notaires ne peuvent refuser de signer en second les actes de leurs confrères, lorsqu'ils en sont requis.

L'article 14 des statuts des notaires de Paris, homologués par arrêt de réglement du Parlement de cette ville, en date du 13 mai 1681, était ainsi conçu :

« Lesdits notaires seront *obligés de signer l'un pour l'autre* les actes et contrats non contraires aux ordonnances et aux bonnes mœurs *dont ils sont requis*, sans le pouvoir refuser, à peine de soixante sols que le contrevenant sera tenu de payer, pour chacune fois, sur le simple certificat des parties. »

Une déclaration du 4 septembre 1706, donnée en interprétation d'un précédent édit, portant création de notaires syndics dans les villes et bourgs du royaume, contient la disposition suivante :

« Lesdits notaires en second *signeront* tous les contrats et actes qui seront passés par leurs confrères, et leur sera payé deux sous six deniers pour chacun desdits actes. »

Ces dispositions pourraient être considérées comme étant encore en vigueur, l'article 69 de la loi de ventôse n'ayant abrogé les anciennes ordonnances, qu'en ce qu'elles ont de contraire à cette loi.

Quoi qu'il en soit, les devoirs dérivant de la confraternité ont toujours imposé aux notaires cette obligation réciproque, lorsqu'ils n'ont d'ailleurs aucune raison de suspecter la sincérité de l'acte qui leur est présenté ; elle se trouve écrite dans tous les réglements et statuts des compagnies. Une conférence notariale, réunie à Paris, l'a insérée également dans un projet de réglement intérieur, dressé en exécution de l'ordonnance du 4 janvier 1843, et que les Chambres s'empresseront, nous n'en doutons pas, d'adopter en son entier, parce qu'il est le résultat consciencieux et éclairé de l'expérience et de la réflexion.

Ainsi, du concours de ces deux circonstances que les notaires ne sont pas tenus d'assister à la passation des actes ordinaires, qu'ils ne signent qu'en second, et de l'obligation où ils sont de signer réciproquement l'un pour l'autre, sans pouvoir s'y refuser, les actes qui leur sont présentés par leurs collègues, il résulte bien évidemment qu'ils ne sauraient être en aucune manière responsables de ces actes.

La déclaration du 4 septembre 1706, rappelée plus haut, portait textuellement cette conséquence logique.

Après la disposition qui enjoignait aux notaires de signer en second les actes de leurs confrères, elle ajoutait :

« Lesdits notaires *ne pourront être repris* pour les actes qu'ils auront *signés en second*, mais seulement pour ceux qu'ils auront passés comme notaires. »

La loi du 25 ventôse n'a pas introduit un droit nouveau à cet égard : dans les condamnations à l'amende et aux dommages-intérêts , et spécialement dans l'article 68, elle ne parle que du notaire contrevenant , c'est-à-dire celui qui a *passé* l'acte que l'on a toujours soigneusement distingué de celui qui ne fait que le *signer* en second.

Remarquez d'ailleurs que si le notaire en second ne pouvait être repris sous l'empire de la déclaration de 1706, alors qu'il lui était alloué un honoraire pour chaque signature , à plus forte raison il en doit être ainsi aujourd'hui que sa coopération est entièrement gratuite.

La doctrine enseignée par tous les auteurs affranchit le notaire en second de toute responsabilité. On ne pourrait citer peut-être que Toullier, dont l'opinion à ce sujet n'est que la conséquence de celle qu'il a cru devoir adopter relativement à la présence réelle , et comme cette dernière opinion a été condamnée par la loi nouvelle sur la forme des actes notariés, sa conséquence tombe nécessairement avec elle.

On peut en dire autant de deux arrêts contraires à la doctrine que nous soutenons : l'un rendu par la Cour de Rennes , le 19 juillet 1834, S. 34 2. 481, et l'autre par la Cour de cassation, le 11 novembre 1835, S. 35 1.904. Ces deux arrêts ont été rendus sous l'influence de l'idée que le défaut d'assistance réelle du second notaire était un abus, qu'on avait peut-être maintenu dans l'intérêt des parties, et pour éviter une réaction dangereuse sur le passé, mais qui n'avait pas pour effet d'affranchir le notaire de tout recours ultérieur en cas de dommage. Aujourd'hui que la sanction légale est acquise à cet usage, qui était le seul conforme à l'interprétation de la loi, les motifs de cette jurisprudence n'ont plus aucun fondement. Il serait, en effet, entièrement contradictoire d'admettre d'un côté que les notaires sont dispensés d'assister à la réception des actes ordinaires, auxquels ils apposent leur signature en qualité de seconds notaires, qu'ils ne peuvent refuser en règle générale cette signature, et que d'un autre côté, ils puissent être soumis à des dommages pour une faute à laquelle ils n'ont eu aucune part.

La décision qui affranchit le notaire en second de toute responsabilité, applicable à tous les actes dans lesquels sa signature est indispensable, devient encore plus vraie lorsque cette signature n'est pas nécessaire et n'est ajoutée que surabondamment à celle du notaire en premier. Ainsi jugé dans une espèce où deux notaires de Paris, conformément à ce qui se pratiquait dans cette ville, avaient signé en second deux faux extraits de procuration délivrés par un de leurs collègues :

«..... Attendu que les deux faux extraits de procuration, en vertu desquels les rentes de M. de Pancemont ont été aliénées , ont été délivrés et signés par Fourqueray, alors notaire , qui s'est dit dépositaire de la procuration contenant le prétendu pouvoir de transférer lesdites inscriptions de rente ; que lesdits deux extraits n'ont été signés qu'en second , l'un par Clairet , l'autre par Guérinet , et qu'il n'est pas même allégué que ces derniers , au moment où ils ont signé les extraits dont il s'agit, aient eu connaissance du faux qu'ils consacraient , ou aient pu le soupçonner ; — Attendu que, d'après l'article 21 de la loi du 25 ventôse , la signature des notaires signataires de la minute suffit pour la validité et l'authenticité de l'expédition entière ou par extrait ; que la signature d'un second notaire sur les expéditions ou extraits d'actes n'a été admis en usage parmi les notaires de Paris, que pour servir à attester la vérité de la signature du notaire dépositaire de la minute ; que la signature en second est une espèce de légalisation officieuse de la signature du premier ; qu'elle rend les faux plus difficiles ; qu'elle peut être aussi un moyen de surveillance réciproque dans la forme extérieure des expéditions ou extraits ; mais qu'elle n'a nullement pour objet d'attester la conformité de l'expédition ou de l'extrait avec la minute , qui n'est jamais représentée au notaire en second , qu'inutile pour la validité et l'authenticité légale de l'expédition ou de l'extrait, elle ne saurait rendre le notaire qui la donne, responsable du contenu en l'extrait ou en l'expédition....... (Cour roy. de Paris 25 janvier 1834, S. 34 2.81.)

Tout ce qui précède ne s'applique qu'aux actes ordinaires: quant aux actes solemnels, pour la validité desquels la loi exige la présence réelle de deux notaires (1), la responsabilité qui en résulte les atteint tous les deux : dans ce cas, le notaire en second, qui est légalement tenu d'assister à la réception de l'acte, ne pourrait prétexter son absence : cette allégation, loin d'être une excuse, serait une circonstance aggravante, puisqu'elle constituerait une contravention de plus.

On admet aussi la responsabilité dans le cas où le second notaire a lui-même coopéré à la rédaction de l'acte, quoique sa présence réelle ne fût pas légalement nécessaire, par exemple, s'il y a été appelé par l'une des parties. La raison qui affranchit en général le second notaire de toute responsabilité n'existe plus dans cette hypothèse. (Garnier-Deschenes, *Dict. du not.*, etc.)

---

(1) Ces actes sont : les donations entre-vifs, les donations entre époux pendant le mariage, les révocations de donations et de testament, et les procurations pour consentir ces divers actes. (Art. 2 de la loi du 31 juin 1843.)

CHAPITRE IV.

De la responsabilité des notaires envers leurs collègues en cas de violation de résidence.

L'article 4 de la loi du 25 ventôse porte que : « chaque notaire devra résider dans le lieu qui lui sera fixé par le Gouvernement. En cas de contravention, le notaire sera considéré comme démissionnaire; en conséquence, le grand juge ministre de la justice, après avoir pris l'avis du Tribunal, pourra proposer au Gouvernement le remplacement. »

« Les notaires, disait M. Jaubert dans l'exposé des motifs de la loi, sont nommés pour les besoins des citoyens ; leur nombre et leur placement seront, en effet, déterminés d'après les localités. Si donc un notaire ne réside pas au milieu d'eux, le Gouvernement ne doit voir qu'un démissionnaire dans celui qui renonce par son fait au pacte solemnel qu'il avait formé avec la société. Un jugement ne doit pas être nécessaire pour un cas qui rentre dans *l'administration générale*. Le Gouvernement n'usera de son droit qu'après avoir pris l'avis du Tribunal. »

Ainsi, nul doute que le Gouvernement ne soit juge en cette matière, et ne puisse faire les injonctions qu'il croit convenables à un notaire, lorsque celui-ci contrevient aux termes de la commission qui l'institue pour une résidence déterminée.

Une difficulté s'était élevée sur la question de savoir si les notaires attachés à une résidence dépendant d'une justice de paix, dont le chef-lieu est fixé dans une ville, où siége un Tribunal supérieur, ont le droit d'instrumenter dans la ville concurremment avec les notaires de la Cour d'appel ou du Tribunal de première instance.

Mais un avis du Conseil d'État, du 7 fructidor an XII, a décidé :

« Que la loi du 25 ventôse an XI, accordant
aux notaires de simple justice de paix ou de
troisième classe, le droit d'exercer leurs fonctions dans toute l'étendue de la justice de paix,
ceux résidant dans une commune rurale, dont le
chef-lieu est dans une ville où siège soit une Cour
d'appel, soit un Tribunal de première instance,
peuvent, *lorsqu'ils en sont requis*, se transporter
dans la partie de ces villes dépendante de leur
justice de paix, pour y instrumenter; mais qu'ils
ne peuvent ouvrir étude ni conserver le dépôt
de leurs minutes ailleurs que dans le bourg ou
village qui leur est assigné pour lieu de résidence. »

Cet avis détermine clairement les droits et
les devoirs des notaires, relativement à l'exercice
de leurs fonctions. Ils sont tenus de résider dans
le lieu fixé par leur commission, sans pouvoir
ouvrir étude, ni conserver ailleurs le dépôt de
leurs minutes; mais ils peuvent, sur la *réquisi-*
tion des parties, se transporter dans toute l'étendue
du ressort qui leur est assigné, pour y recevoir
des actes.

Cette interprétation de la loi est aussi juste
et rationnelle que facile à suivre dans la pratique, et elle n'aurait donné lieu à aucune
difficulté, si un esprit d'envahissement sur les
droits de leurs confrères n'avait, depuis longtemps,

dominé quelques notaires : oubliant toutes les
règles et méconnaissant leur caractère public,
ils se permettent dans certaines localités de se
rendre périodiquement et à jour fixe, sans aucune réquisition des parties, dans les lieux voisins
de leur résidence légale, d'y avoir même quelquefois des représentants et d'y conserver des
dépôts de minutes ; et par cette concurrence
illégitime, ils font éprouver à leurs confrères,
qui sentent mieux la dignité de leur ministère,
un préjudice notable.

On a demandé si, dans ce cas, les notaires
lésés par ces violations de résidence peuvent
réclamer des dommages-intérêts contre les collègues contrevenants?

La négative avait d'abord été enseignée par
les auteurs (Roll. de Vill., *Rép.* v° *résid.*,
Dict. du not. eod. v°), et admise par un jugement du Tribunal de Clermont-Ferrand, du
7 juin 1832, S. 32. 2.360.

Le Tribunal avait considéré que pour former
une demande en dommages-intérêts, il fallait que
le fait reproché à celui de qui on les réclame, fût
une atteinte à un droit acquis, et non pas seulement la simple violation d'une obligation imposée
par la loi dans un intérêt général ; que les offices
de notaires étaient établis dans l'intérêt des citoyens
et non dans celui des titulaires.

Mais sur l'appel, ce jugement a été infirmé par arrêt de la Cour royale de Riom, du 18 mai 1833, S. 33 2.582, ainsi motivé :

« Attendu qu'aux termes des lois existantes, les offices de notaires constitués charges publiques, deviennent, en faveur du titulaire, de ses héritiers et ayant droit, une *propriété privée*, soumise néanmoins aux règles, conditions et restrictions également déterminées par les lois ;

« Attendu que le principe de la disposition législative, qui assigne aux notaires une résidence obligée repose tout à la fois sur l'intérêt général, afin de pourvoir aux besoins des habitants du lieu fixé par le Gouvernement, et sur l'intérêt des notaires en particulier, afin d'éviter que quelques-uns d'entre eux abandonnent leur propre résidence pour en usurper une autre, qui leur serait ou leur paraîtrait plus avantageuse ;

« Attendu que la faculté accordée aux notaires d'exercer leurs fonctions dans toute l'étendue du ressort du Tribunal de paix, bien qu'elle établisse une certaine concurrence entre les notaires du canton, doit se renfermer dans les limites prescrites par l'avis du Conseil d'État, du 17 fructidor an XII, qui ne leur permet de quitter la résidence légale pour instrumenter dans les lieux dépendant de leur justice de paix, *que lorsqu'ils en sont requis*, sans pouvoir ouvrir étude ni conserver le droit d'avoir leurs minutes ailleurs que dans le bourg ou village, qui leur est assigné pour lieu de résidence ;

« Attendu que les dispositions des articles 4 et 46 de la loi du 25 ventôse an XI doivent être considérées sous deux rapports distincts, celui d'une simple infraction à l'obligation de résider dans le lieu fixé par le Gouvernement, et celui d'un envahissement habituel ou temporaire de la résidence d'autrui. Dans le premier cas, la contravention étant toute d'ordre et d'intérêt publics, puisqu'il y a seulement cessation ou interruption d'exercice de la part du notaire non résidant, la connaissance et la répression de l'infraction appartiennent exclusivement au ministre de la justice, conformément à l'article 4 précité. Dans le second cas, l'infraction se complique d'une atteinte à l'intérêt privé, puisque la présence illicite et plus ou moins prolongée d'un confrère, peut appeler et détourner la confiance publique, et par suite la clientelle présumée attachée à la résidence ; alors avec l'action publique naît l'action civile, qui peut être exercée concurremment ou séparément, et dont les résultats rentrent dans l'examen des principes généraux....... » ·

La doctrine établie par la Cour de Riom a été consacrée par deux arrêts de la Cour de cassation.

Le premier, en date du 15 juillet 1840, S. 40 1.595, ainsi conçu :

« La Cour, — attendu que par l'arrêt dénoncé, la Cour royale de Rouen a reconnu en fait, que, chaque semaine, le samedi, jour de marché, le sieur B..., notaire, dont la résidence est à Quillebœuf, se transporte à Bourneville, résidence du sieur M...; que dans un local loué ou prêté, il rédige et passe des actes, fait des adjudications, reçoit et entend ses clients, et y tient à jour fixe étude ouverte;

« Attendu, en droit, qu'en consacrant le principe de la résidence, la loi du 25 ventôse an XI a textuellement parlé du lieu de cette résidence; elle a voulu que là seulement le notaire fût à poste fixe; que s'occupant avec dignité de l'exercice régulier de ses fonctions, il y attendît les personnes qui veulent réclamer son ministère, et qu'il n'en sortît qu'à la réquisition des parties à laquelle il doit obéir; c'est ainsi que l'a exprimé l'avis du Conseil d'État, du 27 fructidor an XII, en disant que les notaires ne peuvent ouvrir étude ailleurs que dans leur résidence;

« Attendu que la prohibition ne doit pas s'entendre seulement d'un changement complet de résidence; elle est évidemment applicable au notaire, qui, sans abandonner sa résidence légale, se transporte habituellement hors du lieu de cette résidence pour exercer son ministère sans aucune réquisition spéciale et préalable des partiés, s'attribuant ainsi en quelque sorte une double résidence ; la prohibition a été appliquée par décision du ministre de la justice, du 2 novembre 1834, à un notaire qui se rendait, le dimanche, sans réquisition au chef-lieu de canton, y ouvrait étude et recevait ses clients à bureau ouvert ;

« Attendu que l'article 1382 du Code civil accorde, sans distinction de cas et de personnes, action en réparation des dommages éprouvés par le fait d'autrui, et qu'un notaire qui se transporte habituellement hors du lieu de sa résidence pour exercer son ministère, sans y avoir été préalablement appelé par les parties, cause par ce fait aux autres notaires du même canton, un préjudice dont l'appréciation appartient à l'autorité judiciaire ; c'est dans l'intérêt de l'ordre public que le ministre de la justice est appelé à examiner si un notaire a déserté sa résidence entièrement, ou assez souvent et assez longtemps, pour pouvoir être réputé démissionnaire ;

« Attendu dès-lors que, loin de violer la loi du 25 ventôse an XI, et l'avis du Conseil d'État, du 7 fructidor an XII, la Cour royale de Rouen en a fait une juste application, — rejette, etc.

Le second arrêt est à la date du 11 janvier 1841, S. 41 1.112.

« La Cour, — attendu que la fixation d'une

résidence respective pour les notaires du même
canton, et l'obligation de la respecter qui leur
est imposée par l'article 4 de la loi du 25 ventôse an XI, ont été déterminées tant dans leur
intérêt, pour prévenir les conséquences d'une
concurrence sans limites, que dans celui des
habitants qui pourraient avoir besoin de recourir
à leur ministère ;

« Attendu que si l'article 5 de la loi précitée
leur permet d'exercer leurs fonctions dans toute
l'étendue de leur canton, il n'en peut résulter,
pour eux, la faculté d'y établir à leur gré une
double étude, ou tout ce qui pourrait être l'équi-
valent d'une double résidence ;

« Attendu que cette restriction au droit d'exercice que la loi leur confère, clairement indiquée
par la combinaison des articles 4 et 5, a été expressément consacrée par l'avis du Conseil d'État, du
7 fructidor an XII, qui déclare que les notaires
de canton pourront, lorsqu'ils en sont requis,
se transporter dans la partie des villes dépendant
de leur justice de paix, pour y instrumenter,
mais qu'ils ne peuvent ouvrir étude ailleurs que
dans le bourg ou village qui leur a été assigné
pour lieu de résidence ;

« Attendu que l'extension du droit d'exercice
dont il s'agit, qui aurait pour résultat l'établissement d'une double étude dans le même canton,

pourrait, suivant les circonstances, présenter non-seulement une violation de l'obligation de la résidence imposée aux notaires, mais encore une atteinte grave portée à la dignité de leur caractère, un oubli coupable des convenances qu'ils doivent observer, et un préjudice causé à la fortune du notaire domicilié dans le lieu où s'ouvrirait cette double étude.... »

On peut voir encore un arrêt de la Cour royale de Paris, du 31 janvier 1843, rapporté au *Journal des notaires*, article 11557 et les autorités citées.

La jurisprudence est donc actuellement bien fixée sur ce point, qu'on peut réclamer des dommages-intérêts contre les notaires qui abandonnent habituellement leur résidence, pour venir instrumenter dans celle de leurs collègues sans réquisition préalable des parties.

Nous disons habituellement : car nous ne pensons pas qu'on pût baser une action en dommages sur quelques faits isolés, et qui n'auraient pas un caractère d'habitude.

Quant à la réquisition préalable qui doit précéder le déplacement du notaire, rien n'indique comment elle doit être constatée ; il suffirait donc qu'elle fût établie et reconnue en fait par les juges : le notaire, appelé dans une autre résidence que la sienne, agirait prudemment de mentionner dans l'acte la réquisition des parties.

Cette énonciation serait une preuve qu'il s'est conformé au vœu de la loi ; mais elle n'empêcherait pas la preuve contraire, sans qu'il fût nécessaire de s'inscrire en faux. En voici la raison :

L'acte authentique fait foi, jusqu'à inscription de faux, de tout ce qui est dans la limite des attributions de l'officier public qui a reçu l'acte. Or, les notaires ne sont établis que pour recevoir les *actes* et *contrats* auxquels les parties doivent ou veulent faire donner le caractère authentique ; ainsi, l'acte dressé par ces fonctionnaires ne peut faire foi que des conventions et stipulations des parties, et même des faits qui y sont relatifs et qui sont simultanés à la passation de l'acte, *tempore gesti instrumenti* ; mais il ne fait pas foi entière des faits qui y sont énoncés, et qui ont eu lieu antérieurement à sa confection. Or, le fait de la réquisition du notaire par les parties ou l'une d'elles est préliminaire à l'acte, il ne se rapporte pas aux conventions des parties ; et on concevrait d'ailleurs difficilement que le notaire pût se faire une preuve à lui-même, et abriter une contravention sous le voile d'une clause qui pourrait devenir de style. Au reste, les Tribunaux doivent toujours, dans les questions de cette nature, respecter les droits légitimes qu'ont les notaires d'instrumenter dans toute l'étendue de leur ressort, et faire justice de réclamations suscitées par une jalousie mesquine, et qui ne seraient pas appuyées sur des faits graves et répétés.

On s'est demandé si l'action en dommages-intérêts contre un notaire pour une violation de résidence, pouvait être intentée avant que le Gouvernement eût statué sur l'infraction ?

Pour la négative, on s'appuie sur l'article 4 de la loi de ventôse, d'après lequel chaque notaire est tenu de résider dans le lieu qui lui est fixé, et peut être, *en cas de contravention*, considéré comme démissionnaire et remplacé par le ministre de la justice, après l'avis préalable du Tribunal. Cet article, a-t-on dit, attribue au Gouvernement un pouvoir réglementaire sur les résidences des notaires, et lui donne le droit exclusif de les établir, de les modifier, et de statuer sur toutes les contraventions qui s'y rattachent. La loi, en effet, ne fait aucune distinction, et confère au pouvoir administratif seul le droit de connaître des contraventions, préférablement au pouvoir judiciaire qui n'est appelé qu'à donner son avis; de là cette conséquence que l'action civile contre le notaire contrevenant ne peut être intentée que lorsque le Gouvernement a statué sur l'infraction. Cette opinion avait été suivie par la Cour royale d'Aix, dans un arrêt en date du 29 juillet 1837, S. 37. 2. 474.

Mais, sur le pourvoi formé contre cette décision, la Cour de cassation, ch. civ., a rendu le 11 janvier 1841, S. 41 1.19, un arrêt ainsi motivé :

« La Cour, — vu l'article 4 de la loi du 25 ventôse an XI sur le notariat, et l'article 1382, Cod. civ.; — Attendu que, suivant l'article 4 de la loi du 25 ventôse an XI, chaque notaire doit résider dans le lieu qui est fixé par le Gouvernement ; et qu'en cas de contravention, il est considéré comme démissionnaire et peut être remplacé ;

« Attendu que le notaire qui, au mépris de cet article, établit sa résidence dans un lieu où existe un autre notaire, peut par ce fait et la concurrence qui en résulte causer à celui-ci un préjudice réel, et être tenu envers lui à des dommages-intérêts ; — Qu'ainsi, l'infraction de l'article précité donne lieu à deux actions, savoir: l'action publique ou administrative, et l'action civile en réparation de dommages, et ayant pour base l'article 1382, Code civil ;

« Attendu que l'action civile est indépendante de l'action publique, et que dès-lors le notaire qui ne réside pas dans le lieu qui lui a été assigné, peut être poursuivi en réparation du dommage résultant de son changement de résidence, quoique le ministre de la justice ne lui ait fait aucune injonction, et n'ait pas agi pour le faire remplacer....... casse. »

La jurisprudence, qui admet à réclamer des dommages-intérêts contre le notaire coupable de violation de résidence, se justifie indépendamment des raisons légales par une considération majeure, qui tient à l'avenir même de l'institution du notariat. Ce n'est pas sans motif qu'on a voulu réprimer ces abus, qui tendent à transformer la profession en un métier d'intrigues, à encourager par l'impunité l'homme remuant et peu délicat sur le notaire probe et calme, qui ne croit pas de la dignité de ses fonctions de faire, pour ainsi dire, la chasse aux clients, et de venir les poursuivre jusques dans la résidence de ses collègues. Si l'on veut que la profession soit honorée, il est essentiel que ceux qui l'exercent se respectent entre eux, et n'empiètent pas sur les droits légitimes par une concurrence illégale et incompatible avec le caractère des fonctions notariales.

Cet empiétement assez ordinaire dans les petites localités provient, il faut le reconnaître, d'une cause préexistante. Le nombre des notaires est en général trop considérable.

On a voulu sans doute, et il fallait, mettre ces officiers publics à la portée des citoyens, et les répandre en nombre suffisant pour que

toutes les transactions pussent être facilement
constatées. Mais, en n'établissant des notaires que
dans les chefs-lieux de canton, sauf quelques
exceptions nécessitées par les localités, on satis-
faisait largement à tous les besoins. Quel est
l'habitant d'un village qui ne peut se rendre au
chef-lieu de son canton pour des affaires qui ont
toujours une certaine importance, si elles exigent
l'intervention d'un notaire, alors qu'il s'y rend
habituellement pour ses approvisionnements, la
vente de ses denrées, et d'autres intérêts bien
plus minimes? En cas de maladie, les distances
ne sont-elles pas ordinairement assez rappro-
chées pour qu'on puisse requérir le notaire
dans un court espace de temps? Il serait donc
à désirer que le Gouvernement refondît le travail
qui a eu lieu après la promulgation de la loi de
ventôse, sur des bases plus rationnelles. Il en
résulterait nécessairement la suppression d'une
foule de petites études inutiles, qui ne font
que diviser le travail sans avantage pour les
clients. Si les affaires étaient plus concentrées, les
études acquéraient un peu plus d'importance, et
les titulaires y trouveraient plus facilement des
moyens d'existence honorable en restant dans leur
résidence légale. Cette mesure est généralement
sentie, et il est du devoir des Chambres de la
provoquer et de l'appeler de leurs vœux, puis-

qu'elle tend à rehausser la dignité de la profession, et à tarir la source de ces contestations fâcheuses, de ces rivalités mesquines qui la déconsidèrent (1). En attendant les Chambres de discipline doivent veiller avec soin à les prévenir dans leur ressort, à faire les injonctions nécessaires à ceux qui empiètent sur les droits de leurs collègues, et à user envers eux des moyens disciplinaires mis à leur disposition par la nouvelle ordonnance du 4 janvier 1843.

---

(1) Je suis heureux de pouvoir citer à l'appui de cette opinion les paroles prononcées à ce sujet par l'honorable magistrat, qui se trouve à la tête du ministère de la justice. Voici ce que disait M. Martin (du Nord) dans la séance de la Chambre des Pairs, du 8 juin 1843 : « Il faut réduire le nombre des études, « afin que ceux qui exercent ces fonctions honorables « soient assurés d'y trouver pour eux et pour leur fa- « mille une existence honorable, et ne soient pas tentés « de chercher ailleurs des ressources. C'est une voie « dans laquelle on est déjà entré, et depuis 1830 le « nombre des études a été réduit de 314. »

CHAPITRE V.

De l'exercice de l'action en dommages-intérêts.

SECTION Ire.

DEVANT QUEL TRIBUNAL ELLE DOIT ÊTRE PORTÉE ?

D'après l'article 181, Code de procédure, ceux qui sont assignés en garantie sont tenus de procéder devant le Tribunal où la demande originaire est pendante.

Le motif de cette disposition est facile à saisir :
les deux demandes étant connexes, il fallait autant
que possible éviter que des Tribunaux différents
rendissent à leur sujet des décisions contraires.

Mais l'action en dommages-intérêts contre un
notaire n'a pas le même caractère qu'une action
en garantie ordinaire. Elle est principale et indépendante, et non pas connexe : car, de ce qu'une
partie éprouve un préjudice à l'occasion d'un
acte, il ne s'ensuit pas que le notaire doive
toujours être responsable de ce préjudice. Ainsi
nous avons vu la Cour de cassation décider formellement, dans son arrêt du 27 novembre 1837,
que les notaires ne sont pas *nécessairement* et *dans
tous les cas* responsables du préjudice causé par
les nullités commises dans les actes qu'ils reçoivent,
même alors qu'elles proviennent de leur propre
fait. Les Tribunaux ont à examiner, en effet,
si le notaire se trouve dans les cas prévus par
la loi, si l'infraction préjudiciable est de nature
à entraîner sa garantie.

L'action de la partie lésée est donc indépendante de la demande originaire, et il faut revenir
à la règle générale : que nul ne peut être distrait
de ses juges naturels. L'observation de cette règle
protectrice est d'autant plus nécessaire vis-à-vis
des notaires, que leur absence pourrait compromettre parfois d'une manière assez grave les intérêts de leurs clients.

Ces considérations suffiraient seules à écarter l'application de l'article 181; mais il y a plus, et l'article 53 de la loi du 25 ventôse dispose, en termes exprès, que toutes condamnations d'amende et dommages-intérêts seront prononcées contre les notaires par le Tribunal civil de leur résidence.

Il faut donc reconnaître dans cet article d'une loi spéciale une modification de l'article 181 du Code de procédure, et décider que l'action en dommages-intérêts contre un notaire à raison du préjudice causé dans l'exercice de ses fonctions, doit être portée devant le Tribunal civil de sa résidence, quelque soit d'ailleurs le Tribunal qui ait statué sur la contestation principale.

Tous les auteurs sont unanimes sur ce point. Voy. Chauveau, *les lois de la procéd.*, sur l'art. 181; Carré *id.*; Boitard t. 2, p. 96 ; Berriat St-Prix, p. 81; Pigeau, Com., t. 1, p. 405; Boncenne, 3, p. 402 ; Thomine Desmazures, t. 1, p. 337; Favard de Langlade, t. 2, p. 465.

La Cour de Bordeaux, par arrêt du 27 juin 1839, S. 39 2.495, a jugé dans le même sens dans une espèce où le notaire était actionné en garantie de la nullité de l'acte,

« La Cour, — attendu que, suivant l'article 59, Code procédure, le défendeur doit être assigné, devant le Tribunal de son domicile ; qu'il est statué par l'article 53 de la loi du 25 ventôse an XI sur le notariat, que les dommages-intérêts dont les notaires pourraient être reconnus passibles, doivent être prononcés contre eux par le Tribunal civil de leur résidence, à la poursuite des parties intéressées ; que c'était le cas d'appliquer les dispositions précitées dans le procès actuel, où la responsabilité est demandée contre les héritiers du notaire Merlin-Lacombe, pour nullité d'un contrat de mariage que ce dernier a reçu en cette qualité ; que l'article 68 de la loi sus-rappelée de l'an XI, en disposant ainsi : *sauf, s'il y a lieu, les dommages-intérêts contre le notaire contrevenant*, les subordonne entièrement aux circonstances que le notaire n'en doit donc pas nécessairement, par cela seul que l'acte qu'il a reçu est nul ; qu'on ne peut considérer l'action en responsabilité comme devant suivre l'action en nullité de l'acte et contraindre le notaire à accepter la juridiction qui a été saisie de celle-ci, etc...

A plus forte raison, l'action en responsabilité ne peut-elle être portée devant un Tribunal spécial ou d'exception. La compétence à raison de la matière est d'ordre public ; l'article 181 lui-même ne statue que dans l'hypothèse où le Tribunal, devant lequel la demande originaire est pendante, serait incompétent à l'égard de l'assigné en garantie à raison du domicile seulement.

Il a été rendu, conformément à ces principes, un arrêt de la Cour de cassation, du 16 mai

1816, S. 16 1.341, dans une espèce où l'action en garantie pour nullité d'un protèt avait été portée incidemment devant le Tribunal de commerce, qui avait statué sur la nullité.

« La Cour : vu le titre du Code de procédure, intitulé procédure devant les Tribunaux de commerce, et particulièrement l'article 424 de ce titre; considérant que le Tribunal de commerce de Rouen, compétent pour prononcer sur la demande en remboursement de l'effet protesté dont il s'agit, et sur l'exception tirée de la nullité du protèt, ne l'était évidemment pas pour connaître de l'action récursoire en dommages-intérêts formée contre le notaire Toudereau;

« Que, sous ce dernier rapport, il s'agissait de statuer, non sur un fait de négoce, mais sur l'acte d'un notaire et la responsabilité qu'il peut encourir, objet purement civil, pour lequel le Tribunal était incompétent à raison de la personne et de la matière. »

L'action en responsabilité est assimilée du reste aux actions civiles ordinaires, et peut suivre comme celles-ci les deux degrés de juridiction.

Le recours en cassation est nécessairement moins fréquent dans cette matière, parce que les Cours royales ont le droit souverain d'apprécier les faits, les actes, les fautes, les préjudices et leurs quotités, et ce droit a été reconnu et consacré par la Cour suprême dans une foule d'arrêts de rejet, dont on peut voir la citation dans l'excellent ouvrage de M. l'avocat général Tarbé, *Lois et réglements à l'usage de la Cour de cassation,* p. 60 et 61.

Il y a cependant des cas où la Cour reprend son droit de censure : c'est lorsqu'il ne s'agit pas seulement d'une appréciation de faits rentrant dans les prévisions légales, mais bien d'une violation de la loi, directe ou indirecte. Fidèle au but de son institution, la Cour suprême doit alors ramener les Cours royales à l'observation de la loi.

Ainsi, une Cour royale ne pourrait prononcer la peine de responsabilité, si elle n'établissait en fait, ni faute, ni négligence, ni impéritie, — 24 août 1825, D. 1.413.

De même, elle ne pourrait affranchir un notaire de la responsabilité, si elle constatait que sa négligence était la cause d'un faux commis en écriture. — 30 décembre 1828, B. 310.

L'appréciation d'une Cour royale peut être cassée, quand on trouve dans l'arrêt attaqué des propositions contradictoires entre elles, et contraires à la loi, 1er juin 1840, S. 40 1.495; il en sera ainsi toutes les fois qu'une Cour aura prononcé la responsabilité hors des cas prévus par la loi, et pour l'omission de formalités qui né constituent pas une obligation légale pour les notaires. Ceci est d'autant plus important à noter que, d'après quelques auteurs, un arrêt de Cour royale, statuant sur une question de responsabilité, ne saurait être soumis à la censure de la Cour suprême ; parce que d'une part les dommages-intérêts sont laissés à l'arbitrage du juge, et d'autre part, les articles 1382 et 1383 du Code civil, obligeant à réparer le dommage qu'on a causé par sa faute, on ne peut pas dire qu'il y ait eu, à proprement parler, violation d'un texte de loi. On répond avec fondement que l'extension de la peine de la responsabilité à des cas non prévus dans le texte ou la pensée du législateur est une violation de la loi ; qu'il en est ainsi quand on veut convertir une disposition exceptionnelle en une règle généralement et absolument applicable ; et qu'il y a fausse interprétation des articles 1382 et 1383, quand on les invoque dans une matière spéciale régie par des textes particuliers.

L'action en responsabilité est principale ; mais elle n'est pas toujours introductive d'instance. Dans cette dernière hypothèse, qui arrive toutes les fois que la demande est intentée dans le cours d'une instance déjà existante, il n'y a pas lieu au préliminaire de conciliation. Mais si le procès se termine sans que le notaire ait été appelé en garantie, soit que la partie lésée ait négligé sa mise en cause, soit que le premier Tribunal fût incompétent, la demande ultérieure en dommages-intérêts devient principale introductive d'instance, et soumise à ce titre au préliminaire de conciliation.

SECTION II.

CONTRE QUI ELLE PEUT ÊTRE INTENTÉE?

L'action en dommages s'exerce naturellement contre le notaire, auteur du préjudice; inutile d'ajouter qu'elle ne saurait atteindre le successeur, responsable seulement des minutes qu'il a reçues de son prédécesseur, et dont il devient personnellement le dépositaire, mais non des actes et des fautes de ce dernier.

Nous avons vu, *sup. p.* 215, dans quels cas le notaire en second était responsable de l'acte qu'il avait signé, et qu'il fallait distinguer soigneusement les actes pour lesquels sa présence réelle n'était pas indispensable, de ceux auxquels il devait être réellement présent, soit d'après l'ancienne jurisprudence, soit d'après la loi actuelle sur la forme des actes notariés.

Mais dans le cas où la loi exige que l'acte
soit reçu conjointement par deux notaires, ces
derniers peuvent-ils être condamnés *solidairement*
aux dommages-intérêts des parties ?

En principe, la solidarité ne se présume point;
il faut qu'elle soit expressément stipulée. Cette
règle ne cesse que dans les cas où la solidarité
a lieu de plein droit, en vertu d'une disposition
de la loi. (C. c., 1202.)

D'un autre coté, tous les individus condamnés
pour un même crime, ou pour un même délit,
sont tenus solidairement des amendes, des res-
titutions, des dommages-intérêts et des frais.
(C. pén., 55.)

Cet article ne parle que des crimes et délits
et laisse en dehors les quasi-délits : de là la
question de savoir si la solidarité pouvait être
légalement appliquée aux condamnations de dommages-intérêts résultant de cette espèce d'obligations.

Toullier enseigne la négative sur le fondement
que les quasi-délits ne supposent pas, comme
les crimes et délits, une volonté de nuire, un
degré de perversité qui doive appeler toute la
sévérité de la loi (t. 11, n° 151).

L'affirmative est enseignée par Merlin, *Questions
de droit*, v° *solidarité*, § 11, et elle est devenue
un point constant dans la jurisprudence de la
Cour de cassation.

Les motifs qui ont en général entraîné l'opinion
de la Cour sont : que l'article 1202 ne gouverne
que la solidarité conventionnelle ; qu'il ne saurait
donc s'appliquer aux cas de délits et quasi-délits,
lesquels constituent des engagements qui se forment
sans convention ; que par cela même que la solidarité doit être expressément stipulée dans les contrats, il ne peut pas en être de même dans le cas
où la solidarité dérive, soit de la nature elle-
même de l'obligation, soit du délit ou du quasi-
délit de l'obligé ; que lorsque le dommage résulte
du quasi-délit de plusieurs personnes, on ne
peut déterminer exactement la part que chacune
y a prise, et que le fait devient ainsi indivisible ;
que c'est enfin une maxime d'équité de soumettre
les auteurs d'un fait indivisible à l'obligation
solidaire d'en réparer les conséquences dommageables. V. *Jurisp. du* 19e *siècle,* v° *solidarité,*
nos 5, 7, 8 ; S. 32 2.630 ; Cass. 29 février
et 8 novembre 1836 , S. 36 1.293 et 801 ;
12 juillet et 7 août 1837, S. 37 1.964 et
889 ; 29 janvier 1840, S. 40 1,369.

En présence d'une jurisprudence aussi constante et si bien établie, la question ne peut plus
être douteuse, et il faut décider en conséquence,
que dans tous les actes où deux notaires ont dû
être présents à la réception, ils peuvent être condamnés solidairement à répondre des conséquences
dommageables de ces actes.   16

Par suite, la même solidarité peut s'appliquer aux dépens de l'instance, lorsqu'ils sont expressément adjugés à titre de dommages-intérêts. V. S. 11 1.257; 15 1.249; 20 1.123; 29 1.156; 32 1.687; 39 1.601.

Mais si les dépens n'étaient pas adjugés à titre de dommages-intérêts, la loi n'autorisant pas à leur égard la solidarité en matière civile, elle ne saurait être prononcée par les Tribunaux. (Cass., 17 janvier 1832, S. 32 1.687.)

L'action en responsabilité s'exerce-t-elle contre les héritiers du notaire?

On admettait, dans l'ancien droit, que les héritiers du notaire ne pouvaient être recherchés que pour des faits dont il aurait été tenu de son vivant, et au cas qu'ils en eussent profité, ou que l'instance eût été commencée du vivant du notaire. C'était là l'opinion commune, confirmée par arrêt du Parlement de Paris, du 5 septembre 1758: Jussieux de Montuel, *inst. fac. sur les conv.*, p. 66; Ferrière, *Dict. de droit*, v° *notaire*.

Ce système était équitable; dans le premier cas on avait appliqué la maxime: que nul ne peut s'enrichir aux dépens d'autrui: dans le second, l'héritier trouvait l'action dans la succession de son auteur; celui-ci avait pu préparer sa défense; et l'héritier connaissant la demande existante pouvait répudier l'hérédité et devait, en acceptant, se soumettre aux chances du procès pendant.

Mais hors de ces cas, on n'avait pas cru devoir admettre, après le décès d'un notaire, une action en responsabilité contre ses héritiers, alors que ceux-ci n'avaient aucun moyen de se défendre, et qu'en acceptant la succession de leur auteur, ils n'avaient eu connaissance que des charges apparentes et déterminées, et n'avaient pu prévoir cette responsabilité accablante et indéfinie qui pouvait surgir à chaque instant de l'examen de ces nombreux actes reçus par leur auteur pendant un long exercice. L'état des notaires serait trop malheureux, si après leur mort même on pouvait ainsi troubler leurs héritiers. Telle était la réflexion que faisait à ce propos Jussieux de Montuel.

Il est à regretter que cette doctrine n'ait pas été suivie dans notre droit actuel; mais avec nos principes et surtout en présence de l'article 2 du Code d'instruction criminelle qui autorise l'action civile pour la réparation du dommage causé par un crime ou un délit, contre le prévenu et *ses représentants*, il faut tenir que l'action en responsabilité passe contre les héritiers du notaire, soit que la demande soit basée sur la simple erreur du notaire, ou même sur son dol. (Roll. de Vill., *Rép.* v. *resp.*, n° 106; *Dict. du not. eod. v°*, n° 69 et suivants.)

Toutefois les Tribunaux ne doivent admettre

l'action en garantie contre les héritiers qu'avec une grande modération, alors surtout que ceux-ci ne peuvent avoir des moyens de défense suffisants, ou qu'il résulte des circonstances une intention calculée de la part des demandeurs d'attendre le décès du notaire, pour écarter les justifications qu'il aurait pu personnellement faire valoir.

SECTION III.

DE LA QUOTITÉ DES DOMMAGES-INTÉRÊTS.

Nous avons vu que la responsabilité avait le caractère d'une peine : il faut donc qu'elle soit proportionnée à la gravité de la faute qui y donne lieu : c'est là une règle de stricte équité.

La loi ne s'expliquant pas sur la quotité des dommages-intérêts à accorder aux parties, il en résulte qu'elle a laissé aux juges la faculté de les déterminer, d'après les circonstances, dans la proportion la plus convenable à la nature de la faute.

En vain objecterait-on que l'article 1149 du Code civil a fixé légalement la quotité des dommages-intérêts à la perte qu'on a faite et au gain dont on a été privé.

On répond que cet article se trouve placé sous la rubrique *des dommages-intérêts résultant de l'inexécution de l'obligation,* et qu'il ne s'agit pas ici de l'inexécution d'une obligation conventionnelle pour laquelle on a pris un engagement formel, mais d'une simple erreur ou négligence dans l'accomplissement d'un devoir légal.

Ensuite il est bon de faire observer que l'article 1149 fixe l'étendue des dommages-intérêts, *en général* ce sont les mots dont s'est servi le législateur ; ce qui suppose que dans sa pensée il existe des exceptions à la règle générale. Une de ces exceptions résulte de la nature des choses et de la conséquence des principes en matière de responsabilité, spécialement de cette considération que la responsabilité est une peine qui doit toujours être proportionnée à la faute qu'elle doit atteindre ; et que la partie qui souffre un préjudice n'est pas exempte du reproche d'avoir fait un mauvais choix, et de ne s'être pas entourée de conseils assez éclairés pour veiller à ses intérêts.

Ainsi l'article 1149 ne saurait enchaîner l'appréciation du juge, qui a toujours la faculté de circonscrire la quotité des dommages-intérêts dans des limites équitables, et de les déterminer d'après sa conscience et d'après les circonstances de la cause.

C'est en usant de ce droit que les Tribunaux

ont condamné quelquefois les notaires à la réparation entière du préjudice par eux causé.

D'autres fois, en reconnaissant que les parties n'étaient pas à l'abri de tout reproche, ils ne leur ont accordé qu'une partie du dommage.

Enfin, dans plusieurs cas, la condamnation aux dépens de l'instance a tenu lieu de tous dommages-intérêts.

Dans l'appréciation qu'ils ont à faire, les juges doivent surtout examiner la gravité de la faute commise, et la nature de l'acte incriminé.

Il y a, en effet, des fautes plus ou moins excusables, suivant que la formalité omise avait plus ou moins d'importance : nous avons à cet effet examiné précédemment les circonstances auxquelles on reconnaissait le plus ou moins de gravité de la faute.

La nature de l'acte incriminé peut avoir aussi une certaine influence sur la condamnation. S'il s'agit d'un acte onéreux, et que l'action de la partie ait pour objet d'éviter une perte, la quotité des dommages-intérêts alloués doit être plus forte, que s'il s'agit d'un acte gratuit, et que l'action intentée contre le notaire ait pour objet seulement de faire un gain.

En matière de placements de fonds, dans lesquels les notaires sont souvent condamnés comme mandataires des parties, il ne faut pas perdre de vue l'application de l'article 1992 du Code civil, portant que la responsabilité relative aux fautes commises par le mandataire est appliquée moins rigoureusement à celui dont le mandat est gratuit qu'à celui qui reçoit un salaire.

Or, en matière de placements, le notaire ne perçoit ordinairement que l'honoraire qui est le salaire de l'acte, de la rédaction du contrat, mais ne reçoit aucune rétribution pour la négociation du placement et comme salaire du mandat, Douai, 22 décembre 1840, S. 41 2.139. Que si quelques notaires ont voulu exiger un droit particulier à raison des placements opérés par leur intermédiaire, les Tribunaux ont repoussé cette prétention, et rendu par cela même le mandat qui leur serait donné à cet égard, *forcément gratuit*, Toulouse, 25 janvier 1842, S. 42 2.364.

SECTION IV.

DE LA PRESCRIPTION DE L'ACTION EN DOMMAGE.

En principe la prescription contre une action civile ordinaire ne court que du jour où cette action a pu être exercée, et par conséquent, du jour où elle a été ouverte. Ainsi l'action en responsabilité n'est ouverte que lorsque le dommage existé, lorsque la contravention ou la faute du notaire devient préjudiciable aux parties : car il peut arriver et il arrive même assez ordinairement, que le préjudice est postérieur à la faute, et jusqu'à ce qu'il soit révélé, les parties ne seraient pas recevables dans une action qui n'aurait pas de fondement. Par exemple, la perte d'une minute n'est réellement dommageable que du jour où les parties contractantes sont dans la nécessité d'y recourir; la nullité d'un acte, que du jour où elle est opposée par la partie intéressée et admise en justice. C'est dans ce sens qu'a été rendu un arrêt de la Cour de Poitiers, du 2 février 1825, D. 25 2.166, relativement à un acte de protêt dressé par un huissier et entaché de nullité. Le porteur de l'effet protesté, pour ne pas faire des frais inutiles et dans la pensée que les endosseurs ne manqueraient pas de se prévaloir de la nullité, ne les cita pas dans la quinzaine conformément à l'article 165 du Code de commerce, mais il assigna l'huissier devant le Tribunal de Melle, en garantie de la nullité. Cette action fut écartée par les juges de première instance et d'appel sur le fondement que la nullité n'avait point été proposée devant les juges compétents, et n'avait été prononcée par aucun jugement, et que l'action en garantie contre un officier ministériel à raison de la nullité de ses actes, n'est ouverte qu'autant que ces actes ayant

été déclarés nuls par jugement, les parties ont
éprouvé des condamnations.

Les auteurs du *Dictionnaire du notariat* pensent
qu'il serait plus conforme aux principes de la prescription que l'action en dommages-intérêts contre
les notaires courût du jour, où le dommage a
été causé, car autrement la responsabilité peut
peser sur la tête d'un notaire ou de ses héritiers
pendant un siècle; peut-on laisser les héritiers
dans une si longue incertitude?

Cette considération est juste; mais elle ne saurait
cependant détruire la doctrine consacrée par la
Cour de Poitiers, et qui nous paraît la seule
admissible. En vain objecterait-on que la prescription d'un délit commence courir sous l'empire
de la législation actuelle, du jour où il a été
commis et non plus comme autrefois, du jour où
il a été légalement constaté. Cette disposition,
fondée sur la nécessité de limiter l'action publique
à un délai dans lequel elle puisse s'exercer sans
trop de difficulté et de circonscrire le nombre des
affaires criminelles, est tout-à-fait spéciale et ne
peut prévaloir contre les règles générales de la
prescription des actions civiles.

FIN.

TABLE.

FIN DE LA TABLE.

Imprimerie d'Isidore TOURNEL aîné, rue Fournarié, 10.

ERRATA.

Page 61, ligne 7, à elle connue, *lisez* inconnue.
Page 72, ligne 27, et l'on ne peut, *lisez* et l'on peut
Page 88, ligne 13, S. 142.64, *lisez* S. 14 2.64.
Page 95, ligne 11, S. 402.497, *lisez* S. 40 2.497.
Page 114, ligne 22, exposé, *lisez* exposés.
Page 117, ligne 18, précédemment, *lisez* précisément.
Page 120, ligne 9, imputés, *lisez* imputées.
Page 161, ligne 9, pour cela seul, *lisez* par cela seul.
Page 186, ligne 7, qu'il peut, *lisez* qu'elle peut.

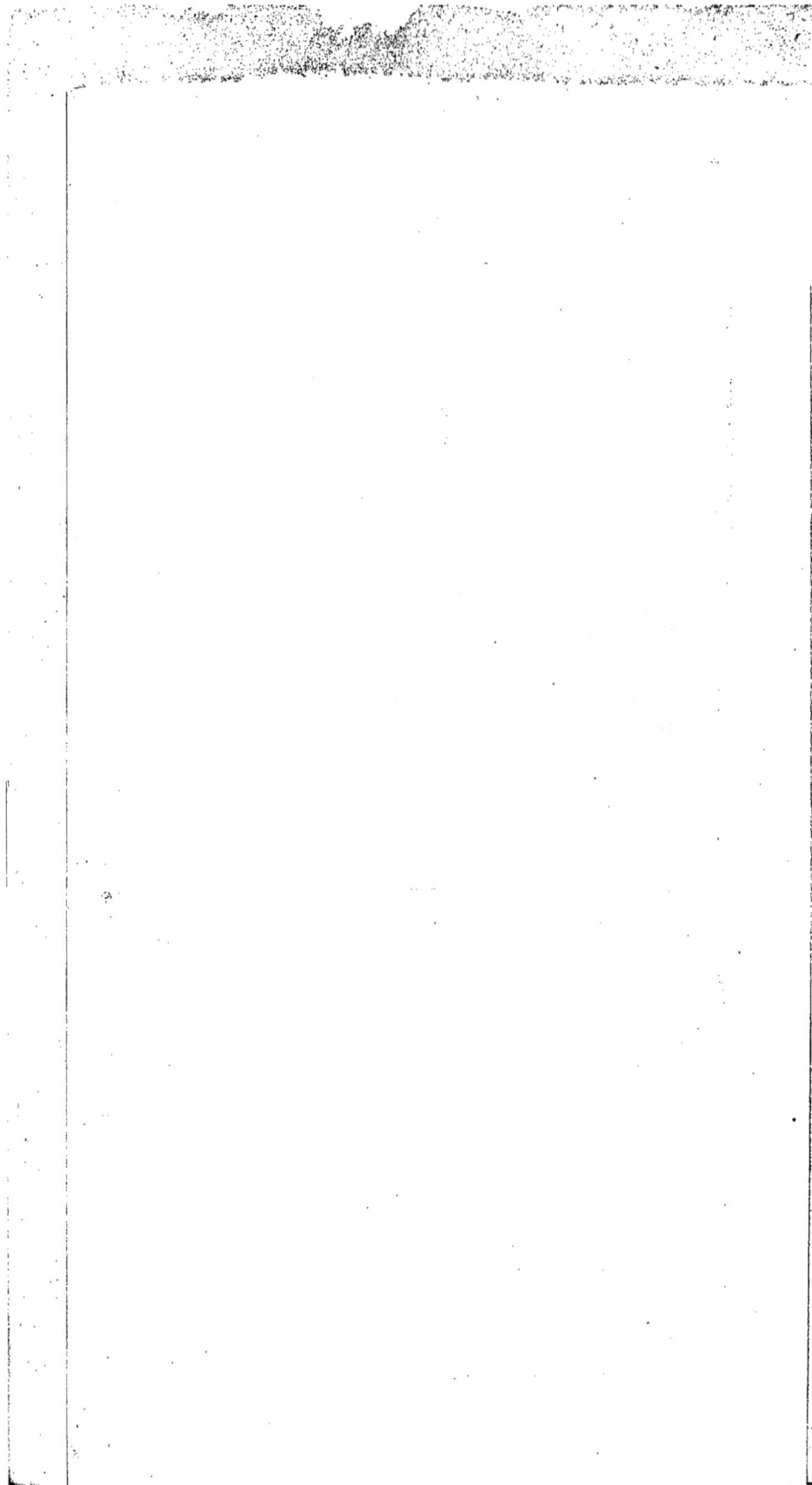

TABLEAU SYNOPTIQUE des obligations légales , dont l'inobservation peut engager la responsabilité des Notaires à l'égard de leurs clients.

La responsabilité des Notaires peut être prononcée à l'égard des parties par suite

des infractions aux devoirs particuliers de la profession.

La réception réelle des actes ,		
La conservation des minutes ;		
La délivrance d'une seule grosse à chaque partie intéressée,	. . . . Art. 1 et 26	
L'obligation de prêter leur ministère lorsqu'ils en sont requis.		
La compétence.	. . . .	3 — L. 25 vent.
La connaissance des parties ou l'attestation de deux témoins certificateurs.	. . . .	6
L'affiche du tableau des interdits.		11
La défense de communiquer les actes à d'autres qu'aux parties intéressées , leurs héritiers ou ayant cause.		18
L'obligation d'expédier , à la suite des contrats de mariage , les contre-lettres.	. . . .	23 — Cod. civ.
Le dépôt des contrats de mariage de commerçants.	. . . .	1397
L'obligation de laisser copie entière des protêts à ceux auxquels ils sont signifiés.	68
	176 — Cod. Com.

de la nullité des actes , à raison de l'inobservation des formalités requises pour leur validité , qui sont :

Pour les actes en général.

relativement au notaire

- qu'il soit dans son ressort. ... **8**
- qu'il soit assisté d'un second notaire ou de deux témoins , dont la présence réelle n'est pas nécessaire. ... **9**
- qu'il ne soit parent, ni allié, soit des parties , soit de ceux en faveur desquels les actes contiendraient quelques dispositions, savoir : en ligne directe , à tous les degrés , et en collatérale jusqu'au 3e degré inclusivement. ... **8**
- qu'il ne soit ni parent, ni allié au même degré du second notaire. ... **10**

relativement aux témoins

- qu'ils soient citoyens français. ... **9**
- qu'ils sachent signer. ...
- qu'ils soient domiciliés dans l'arrondissement communal où l'acte est passé. ...
- qu'ils ne soient parents ou alliés soit du notaire , soit des parties contractantes en ligne directe à tous les degrés , et en collatérale jusqu'au 3e degré inclusivement. ... **10** — L. 25 vent.
- qu'ils ne soient ni les clercs, ni les serviteurs du notaire. ...

relativement aux formes de l'acte,

- Il doit contenir
  - les noms et demeure des témoins instrumentaires. ...
  - le lieu ,
  - l'année, où l'acte est passé. ... **12**
  - le jour
  - la signature des parties , des témoins et du notaire, la mention de cette signature ou de la déclaration des parties qu'elles ne savent ou ne peuvent signer. ... **14**
- Il ne doit présenter aucune surcharge , interligne , ni addition . A peine de nullité des mots altérés. ... **16**
- les renvois et apostilles doivent être écrits en marge , et signés et paraphés , tant par les notaires que par les parties signataires. ... **17**
- il doit être gardé minute en règle générale. ... **20**

Pour les testaments

par acte public

- il est
  - reçu par deux notaires et deux témoins, ou un notaire et quatre témoins. Leur présence réelle est nécessaire. ... **971**
  - dicté au notaire ou aux notaires. ...
  - écrit par le notaire ou l'un des notaires tel qu'il a été dicté. ... **972**
  - lu au testateur en présence des témoins. ...
  - fait du tout mention expresse. ...
  - signé par le testateur , ou bien , il doit être fait mention expresse de la déclaration et de la cause qui l'empêche de signer. ... **973**
  - signé par les témoins. ... **974**
- les témoins doivent être mâles , majeurs , sujets du roi , jouissant des droits civils. ... **980**
- ne peuvent être pris pour témoins ni
  - les légataires à quels titres qu'ils soient. ...
  - leurs parents ou alliés jusqu'au 4e degré inclusivement. ... **975**
  - les clercs des notaires par lesquels les actes sont reçus. ...

mystique

- le testateur est tenu de signer ses dispositions , soit qu'il les ait écrites ou fait écrire par un autre. ...
- le papier contenant les dispositions ou son enveloppe , doit être clos et scellé. ...
- le testateur le présente ainsi clos et scellé au notaire et à six témoins au moins , ou il le fait clore et sceller en leur présence. ...
- le testateur déclare que le contenu en ce papier est son testament écrit et signé de lui , ou écrit par un autre et signé de lui. ... **976**
- le notaire dresse l'acte de souscription sur le papier ou la feuille qui lui sert d'enveloppe. ...
- l'acte de souscription est signé tant par le testateur que par le notaire , ensemble par les témoins. ...
- tout ce qui dessus est fait de suite et sans divertir à autres actes. ...
- si le testateur ne sait signer ou s'il n'a pu le faire , lorsqu'il a fait écrire ses dispositions , il sera appelé un 7e témoin , lequel signera l'acte avec les autres témoins. Il sera fait mention de la cause pour laquelle ce témoin est appelé. ... **977**
- les témoins doivent avoir les mêmes qualités que ceux requis pour le testament par acte public. ... — Cod. civ.

pour les

- donations entre-vifs , doivent être acceptées en termes exprès. ... **932**
- donations entre époux pendant le mariage
- révocations de donation et de testament.
- reconnaissances d'enfant naturel. ... la présence réelle du 2e notaire ou des témoins est requise à peine de nullité. ... — L. 21 juin 1843
- procurations pour consentir ces divers actes.